Horst Grabosch

LUST

Horst Grabosch

LUST

Musikbuch

Impressum

Bibliografische Information der Deutschen Nationalbibliothek:
Die Deutsche Nationalbibliothek verzeichnet diese
Publikation in der Deutschen Nationalbibliografie;
detaillierte bibliografische Daten sind im Internet
über http://dnb.dnb.de abrufbar.

Herstellung und Verlag:
BoD – Books on Demand, Norderstedt

ISBN: 9783756243143

Dieses Buch ist der Künstlerin SOPHIE (aka Sophie Xeon) gewidmet.

SOPHIE bezeichnete sich selbst als „Trans-Frau" und war eine britische Musikproduzentin, die dem Genre „Avantgarde Pop" oder auch „Hyperpop" zugeordnet wird.

Ihr Herz hörte 2021 im Alter von 34 Jahren auf zu schlagen.

2017 erschien ihr erster Song samt Video, in dem sie selbst sang und auftrat. Dem Titel des Songs kann ich nur zustimmen: „It's Okay To Cry".

WARUM?

Ein Fragewort, das sich im Deutschen eher wie die lautmalerische Form eines Zusammenstoßes anhört. Bevorzugt auf handgemalten Schildern zu lesen, die gern zusammen mit Blumen und Kerzen an Orten großer Tragödien aufgestellt werden.

„Warum" ist eine Frage, die gerne gestellt, aber seltener beantwortet wird. Ich will es hier einmal versuchen. Die ganze Frage könnte lauten: „Warum gibt es dieses Buch. Fotos und Musik - oder Kunst im Allgemeinen - sollten doch für sich selbst sprechen, oder?".

Stellen wir uns einmal den Besuch eines großen Museums vor. Bildende Kunst aus mehreren Jahrhunderten wird uns in großer Fülle zur Betrachtung angeboten - selbst für Kunstkenner eine große Herausforderung. Als Hilfestellung werden uns Führungen angeboten - vielleicht sogar mit Themenschwerpunkten, die das Angebot bewusst reduzieren. Wenn wir als Mäuschen mit der Gruppe mitgehen, werden wir vielleicht diesen Kommentar zu den Ausführungen des Kunstführers hören: „Das ist aber interessant!"

Und genau darum geht es. Niemand hat ein Interesse daran, dich von der Qualität eines Werkes gegen deine spontane Reaktion zu überzeugen. Es gibt nämlich gar keinen objektiven Qualitätsstandard von Kunst. Wenn solche Standards hier und da einmal formuliert werden, dann sind sie immer nur als Hilfen zu sehen, und sie können auch durchaus widersprüchlich sein.

Die verbale oder literarische Rezeption von Kunst ist ein Versuch, deinen Geist für Dinge zu öffnen, die dir vielleicht im Alltagsgeschehen für immer verborgen bleiben würden. Vielleicht beschert dir eine tiefere Einsicht sogar mehr Lust. Und das vorliegende Buch soll genau dies leisten.

Ich möchte dir den Zugang zu den Fotos und zu der Musik erleichtern, indem ich noch einmal beschreibe, was denn eigentlich zu sehen und zu hören ist. Darüber hinaus beschreibe ich dir kurz den Prozess des Entstehens jedes einzelnen Liedes und meine Gedanken, die mir vor, während und nach dem Schaffensprozess durch den Kopf gegangen sind.

Die Motivation dafür entstand aus der Beobachtung, dass die enorm zunehmende Informationsflut unsere Aufmerksamkeit für das Detail verschlingt. Darin sehe ich eine große Gefahr, die uns bei der Suche nach Lust noch anfälliger für Manipulationen aller Art macht.

GESCHICHTE DER ENTSTEHUNG

Wie viele andere musikbegeisterte junge Leute gründete mein Sohn Moritz seinerzeit eine Schüler-band. Einige Jahre später entdeckte mein zweiter Sohn Julius sein Interesse an der Rockband „KISS" und wünschte sich ein Schlagzeug. Nachdem er seine jugendliche Wut am Schlagzeug-Lehrer und dem Instrument abgearbeitet hatte, wandte er sich mehr den Computerspielen zu. Moritz hatte einen etwas längeren musikalischen Atem und schaffte es noch bis zu einem Diplom als „Executive Music Producer"[1] und einer Coverband[2] samt etlichen Eigenkompositionen. Dann merkte er, dass der Weg zum Berufsmusiker mit vielen Entbehrungen verbunden ist und entwickelte seine Talente Richtung Business-Coaching. Als die Ertragsquellen sich eindeutig zur zweiten Quelle verschoben hatten, gab er die Musik bis auf gelegentliche Gitarrenkäufe und „Guitar-Hero-Attacken" in seiner Wohnung auf.

Die damaligen Ambitionen der Jungs hatten mich wieder mit Musik in Verbindung gebracht, nachdem ich der ehemaligen Liebe und dem ehemaligen Beruf nach einem Burn-out beleidigt für viele Jahre die kalte Schulter gezeigt hatte. Im Jahr 2021 hatte ich mich dann in die jetzt vollkommen neue Musikwelt eingearbeitet und war zum Produzenten von elektronischer Musik herangereift. Nachdem ich einige alte Songs von Moritz quasi als Dokumentation jugendlicher Musikbegeisterung herausgebracht hatte, schickte er mir noch 12 Tonspuren zu, die einmal als Playbacks[3] für Songs seiner Band dienen sollten. „Vielleicht kannst du ja damit etwas anfangen", waren seine Worte.

Ursprünglich sollte es so etwas wie eine musikalische Reise um die Welt werden, aber ohne Melodie und Gesang war das nur streckenweise an einigen charakteristischen Musikelementen zu erkennen. In Form und Tendenz waren es aber immer noch geeignete Story-Vorlagen. Die passenden Geschichten dazu mussten nur erfunden und erzählt werden. Nachdem ich mich selbst als „Geschichtenerzähler in Wort und Ton" verstand, war das eigentlich eine sinnvolle Aufgabe.

Das Musikgenre[4] der Basis-Tracks war eindeutig „House[5]" mit der durchgehenden Kick-Drum[6] und den typischen rhythmischen Elementen, die jedem House—Fan geläufig sind.

Das war zwar nicht so ganz mein Stil, aber als eklektisch denkender Produzent war es auch kein Ausschlusskriterium. Die Frage war, wie ich zur passenden Geschichte kommen sollte, weil ich doch für meine eigenen Kompositionen immer mit einer Idee in Form eines Samenkorns beginne. Jetzt war das Samenkorn aber bereits eine junge Pflanze mit erkennbaren Charakterzügen.

Ich probierte es dann über den Umweg einer abstrakten Stimmung, der ich ein Foto zuordnete. Foto und Musik zusammen sollten dann die Geschichte ergeben. Und tatsächlich funktionierte der Plan - allerdings hauptsächlich für mich selbst.

Ich erkannte die Geschichte in den fertigen Songs wieder, aber da die von mir hinzugefügten menschlichen Stimmen im Wesentlichen lautmalerischer Natur waren, gab es keinen wirklichen Text dazu.

Dieses Buch soll diese Lücke schließen. Das bedeutet allerdings, dass das Buch allein nur eingeschränkten Genuss bedeutet. Nur in Verbindung von Musik, Bild und Erzählung entfaltet sich die ganze Geschichte. Die Erzählung beschreibt meine Fantasie zum Foto und die Entwicklung dieser Grundstimmung in der Musik. Die Fotos und die Musik sind auf einer exklusiven Website für Leser dieses Buches zu finden. Die Zugangsdaten findest du auf Seite 74.

Mich beschäftigt schon lange das Problem der Völkerverständigung, das durch die verschiedenen Sprachen entsteht. Durch die Technologien des Internets ist diesbezüglich in den letzten Jahren viel passiert. Maschinenübersetzungen werden immer besser, und ich nutze auch intensiv Maschinenstimmen in einigen meiner Songs. Aber Gesang wird nun einmal meist nur in einer Sprache eingesungen, was den direkten Zugang für viele Menschen erschwert. Eine Veröffentlichung in mehreren Sprachen wäre viel zu aufwendig.

Auch dieses Buch erscheint zunächst in meiner Muttersprache Deutsch, also ist es auch nur ein Tropfen auf den heißen Stein. Aber es ist ein Anfang.

Da Englisch momentan die internationalste Sprache (auch „Lingua Franca" genannt) ist, sind meine Songtitel meist in englischer Sprache, so auch bei diesem Projekt. Die Kapitelüberschriften sind die englischen Songtitel.

Glücklicherweise gibt es das Wort „Lust" sowohl im Deutschen als auch im Englischen. Das entsprechende Album „LUST" mit allen 12 Songs ist auf den bekannten Musikplattformen erhältlich.

Musikalische Fachbegriffe werden im Anhang definiert und sind mit einer hochgestellten Zahl gekennzeichnet.

■■

BEST TIMES

„Best Times" ist nicht zufällig der erste Titel des Albums. Es ist gewissermaßen der Trailer zu den folgenden Geschichten. Unter den guten Zeiten gibt es nun einmal die Besten, die hier vorgestellt werden.

Bei der Suche nach einem passenden Coverfoto für dieses Lied/Song[7] entwickelte sich eine Arbeitsweise, die ich dann im gesamten Projekt beibehalten habe - die Entwicklung einer Geschichte durch die Interpretation eines Fotos.

FOTO

Drei junge Frauen laufen freudig am Strand einem vielversprechenden Abend entgegen. Im Zwielicht der untergehenden Sonne halten sie Fackeln hoch. Vielleicht gibt es bereits einen Plan für den Abend und die Nacht, aber bereits der Moment macht sie glücklich.

Es ist windstill und die Temperatur ist noch angenehm. Eine übergeworfene Jacke reicht, um der Küh-

le der aufziehenden Nacht zu trotzen. In ihrer Fantasie entwickelt sich Musik.

MUSIK

Über einem sich aufbauenden Rhythmus erklingt
eine weiche Männerstimme. Sie ist rufend, aber nicht
aufdringlich. Die Stimme verstärkt die unverbindli-
che, erwartungsvolle Stimmung der Frauen.

Der Rhythmus nimmt Fahrt auf und Akkorde[8] vom
Klavier formen das Lied. Eine tiefe Flötenstimme verstärkt den Zauber der unschuldigen Erwartung. Die
Männerstimme wird melodiöser und besingt den
bald aufziehenden Mond („Luna").

Mit dem Einstieg einer Gitarre ist das Fundament des
Liedes gelegt, das nun zum Tanzen anregt. Die Männerstimme wird fordernder, aber bleibt romantisch
zart. In einem Zwischenspiel wird noch einmal der
Mond besungen und die Flöte steigt in höhere Lagen
auf. Sie übernimmt die Melodieführung.

In einem weiteren Zwischenspiel erklingen jetzt
Glöckchen, die wie helle Boten des Glücks vom
dunkler werdenden Himmel regnen. Die nun folgen-
de tanzbare Passage ist eine Zusammenfassung des
Versprechens von einer glücklichen, zarten Nacht.
Das Ende wird von einem „Glöckchenregen" einge-
leitet. Ein tiefer Flötenton klingt aus und die Akkorde
der Begleitung verschwinden im Dunkel der Nacht.

GEDANKEN

In allen Songs dieses Albums geht es um Verheißungen. Es geht nicht so sehr darum, was passiert, sondern um das, was passieren könnte. Wahrscheinlich
ist Fantasie eines der schönsten Dinge, die wir Menschen erfahren können.

Unsere Fantasie beruft sich auf Erfahrungen, doch sie
lässt die erfahrenen Enttäuschungen bei der Verheißung aus. Die Fantasie prüft auch nicht den Realitäts-
gehalt der Vorstellung. Kunst ist ein idealer Raum für
Verheißungen. Sie idealisiert und bleibt dabei unscharf.

Jedes Kunstwerk ist ein Märchen und hat die Kraft zu
verzaubern. Ich versetze mich in die drei jungen
Frauen auf dem Foto und spüre ihre Sehnsucht nach
der Schönheit, die der Abend bringen würde. Es geht
nicht um einzelne Erwartungen, denn die sind vielleicht sehr verschieden. Es geht um ihre gemeinsame
Sehnsucht, die sie in diesem Moment verbindet.

■■

ICY DAYS

Die Instrumentalvorlage von diesem Titel beginnt mit einer abstrakten, kristallinen Klavierfigur. Ich hatte sofort die Assoziation von Kälte und fand sehr schnell das passende Foto.

Der Titel lag fast schon auf der Hand. Die Einleitung ist sehr lang und atmosphärisch, bevor sich der Song harmonisch und melodisch entwickelt.

FOTO

Ein glitzernder Eisberg schiebt sich an einer verschneiten und bergigen Küste entlang. Es ist ein sonniger Tag und weiße Schleierwolken ziehen am Himmel vorbei. Die Bergzüge verschwimmen in einer Mischung aus Wolken und Nebel am Horizont.

Der Eisberg spiegelt sich im ruhigen und glitzernden Wasser. Das Stahlblau von Himmel und dem etwas dunkleren Blau des Wassers wird im Grünblau von Teilen des Eises aufgenommen. Die Stimmung ist eher friedlich als bedrohlich.

MUSIK

Eine Klavierfigur in mittelhoher Lage, die sich als Ostinato[9] durch die ganze Einleitung zieht, klingt eisig. Ab- und anschwellende Klänge von Stimmen und Instrumenten symbolisieren die prinzipielle Bedrohlichkeit von Eis. Entfernte Frauenstimmen heben diese Bedrohlichkeit jedoch bereits etwas auf.

Eine prägnante Bassfigur führt Rhythmik in die Szenerie ein. Schrille Klänge ahmen das Geräusch von zerspringendem Eis nach. Tambourine etablieren ein Tempo. Mit dem Einsatz des Schlagzeugs entwickelt sich ein Groove[10], der von Splitterklängen und tieferen Klangflächen untermalt wird. Die entfernten Frauenstimmen sind nun auch rhythmisch und hauchen der zunächst starren Szene Leben ein.

Helle Glockenklänge verbreiten Zuversicht in dieser lebensfeindlichen Welt. Nun sind auch tiefe Männerstimmen im Hintergrund zu hören. Der Rhythmus bricht ab, und die Frauen antworten mit den ersten Melodiefetzen des Songs auf die Männerstimmen. Das Leben erwacht.

Der Song öffnet sich nun in eine einfache, aber wunderschöne Harmoniefolge, der die Frauen mit betörendem Gesang folgen. Eine Atmosphäre von Zuversicht und Liebe erfüllt die einst so kalte Szene. Ein entferntes, fremdartiges Blasinstrument steigt in den Zauber ein, bevor ein massives basslastiges Ostinato[9] den Reigen abschließt.

GEDANKEN

Selbst an solchen eisigen Orten kann sich Leben und Liebe entwickeln. Die Gefahr verschwindet aber nicht wie im Märchen, sondern wird eher von Schönheit überlagert.

Ein ambivalentes Lebensgefühl erwacht. Bewohner in klimatisch angenehmen Regionen sind oft fasziniert von für sie lebensfeindlichen Landschaften. Sie nehmen nicht das Leben wahr, das sich dort trotz aller Widrigkeiten durchgesetzt hat. Noch weniger verstehen sie die menschlichen Kulturen, die sich dort entwickelt haben.

Eine philosophische Definition von Leben beschreibt es als „Transformator von Umwelt". Das Lebewesen nimmt mit dem Atem und der Nahrung Umwelt auf und transformiert die Umwelt durch die Energie, die im Körper erzeugt wird.

Dieser Transformationsprozess setzt sich fort, solange es Leben gibt. Dabei entstehen Gemeinsamkeiten aber auch Gegensätze. In polaren Regionen atmen wir beispielsweise kalte Luft ein, erwärmen sie im Körper und atmen angewärmte Luft aus. In heißen Wüsten geschieht genau das Gegenteil.

Das Ziel ist aber immer ein Mittelmaß, das wiederum Energien für andere Transformationen freisetzt, die wir dringend für die geistige Transformation der Menschheit brauchen. Also sollten wir uns immer freuen, wenn wir Leben finden, und es nicht gedankenlos auslöschen.

■■

INDIAN SLIDE

Am Anfang der Instrumentalvorlage dominieren Percussion[11]-Instrumente. Als erfahrener Musiker erkannte ich sofort die indische Tabla[12]. Das reichte bereits für die Entscheidung, dass diese Geschichte in Indien spielen sollte.

Damit war auch klar, dass meine hinzugefügten Stimmen nicht immer der perfekten westlichen Intonation[13] entsprechen würden. Ich entschied mich wieder einmal für das elektronische Blasinstrument EWI[14,] bei dem man die elektronischen Klänge durch den Atem steuert.

Dass das Foto eine kultische Stätte zeigte, war mir auch gleich klar. Ein so inspirierendes Foto zu finden, machte mich zuversichtlich für die Arbeit an dem Song.

FOTO

Es waren die Farben des Fotos, die mich zuerst gepackt hatten. Eine unwirkliche Mischung aus Rosa, Lila, Orange und Gelb. Ein pastellfarbener Himmel im

Sonnenuntergang. Da „Indian Slide" der erste Song war, den ich bearbeitete, war das auch gleich die stilistische Vorlage für alle folgenden Cover.

Die grasbewachsene Ruine eines kleinen Tempels steht im Vordergrund des Fotos. Die Ruinen von Hampi, wie ich später herausfand. Eine indische Sehenswürdigkeit in einer merkwürdigen Landschaft. Zwischen üppiger Vegetation ragen bizarre Steinhaufen und kleine Berge empor.

Der Blick durch das Tor des kleinen Tempels zeigt einen breiten Weg auf dem noch einige winzig erscheinende Menschen im gelblichen Schein von bereits eingeschalteten Lampen unterwegs sind. Dahinter eine noch weitgehend intakte Steinpagode, die wie gemalt erscheint - gekrönt von einer kleinen weißen Lichtquelle. Verfall alter Kulturen und blühender Tourismus ist einer der typischen Widersprüche Indiens.

MUSIK

Bevor die Tablas[12] einsetzen, erzählt eine Männerstimme etwas von einem „Ego". Die dafür verwendeten gesampelten[15] Stimmen oszillieren immer zwischen lautmalerischen Passagen und teils verständlichen englischen Satzfetzen, die aber eigentlich keinen Anspruch auf Sinn erheben. Die Arbeit mit diesem elektronischen Klangwerkzeug gleicht dem Legen eines Puzzles, dessen Ergebnis in der Fantasie des Komponisten entstehen muss. Für einen Klangmaler spielt die sprachliche Verständlichkeit eine untergeordnete Rolle. Die hier besprochenen Lieder sind keine Lieder, die auf einem zusammenhängenden Text basieren (viele bekannte Songs ergeben übrigens bei näherem Hinhören auch keinen eindeutigen Sinn). Daher ist die Story des Songs auch über die Sprachgrenzen hinaus verständlich.

In Zusammenhang mit dem Thema Indien bekommt dieser Aspekt noch ein besonderes Gewicht. Durch die englische Kolonialzeit ist die ursprüngliche Sprache Hindi in Indien für eine geraume Zeit zurückgedrängt worden. Mit viel Fantasie macht sogar der einigermaßen verständliche Satz „Don't say that I got an ego" (Sage nicht, dass ich ein Ego hätte) für Indien Sinn. In Ghandi's Reden und Schriften wird die geschundene Identität des indischen Volkes oft thematisiert.

Über dem schnell etablierten Beat[16] kommt nun eine Instrumentalpassage, die genauso ambivalent daherkommt wie das Bild Indiens. „Indian Slide" kann „indischer Schlitten" oder - hier sinnvoller - „indische Rutschbahn" heißen. Und wie auf einer Rutschbahn gleiten die Klänge daher. Auch die Männerstimme hat etwas „Gebrochenes". Die ebenfalls eher zurückhaltenden Frauenstimmen singen: „Send me your love" (Schickt mir eure Liebe). Auch das macht letztlich durchaus Sinn.

Ohne weitere musikalische Auflösung gleitet der Song dann fast meditativ einem Ende entgegen, das dem Zwielicht des Fotos entspricht.

GEDANKEN

Ein Schaffensprozess kann viele Formen haben. Im besten Fall basiert er auf Übung und Erfahrung, um ohne Bruch zum Endergebnis zu gelangen. Es ist allerdings trotz aller Routine immer ein komplexer Prozess, der durchaus auch Zweifel und nachträgliche Korrekturen beinhaltet.

Alle hier besprochenen Songs sind vom Anfang bis zum Ende aus einem Guss entstanden. Da ich noch nie in Indien war, basiert natürlich alles auf einer sehr persönlichen Vorstellung von Indien. Daher habe ich im Nachhinein ein paar Recherchen angestellt, um mir nicht den Vorwurf machen zu müssen, vollkommen daneben zu liegen.

Besonders Ghandi's Texte und viele Fotos und Filme haben meine emotionale Sicht auf den Subkontinent bestätigt. Auch nach der Recherche bleibt Indien ein rätselhaftes Land für mich und genau das spiegelt die Musik wieder.

■■

CUBAN HOPE

Die Basis dieses Songs bezog sich schon immer auf Kuba und ich habe die Fantasie dort belassen. Ursprünglich besang der Song das kubanische Feuer der Lebensfreude („Cuban Fire"), aber angesichts der politischen Zustände habe ich etwas Wasser in den Wein geschüttet und die Hoffnung in den Vordergrund gerückt.

Es bleibt aber eine optimistische musikalische Geschichte. Wenn ethnische Musikstile von westlichen Musikern interpretiert werden, hat es oft etwas von imperialistischer Aneignung an sich. Im schlimmsten Fall bleibt nur ein fader Abklatsch des Originals übrig.

Meine Lösung, diesem Dilemma zu entgehen, ist eine weitreichende Entfremdung des Stils, der Elemente des Originals in einem eklektischen Sinn zu einem neuen Stil zusammenfügt. Das ist zwar bereits mit der Ursprungsmusik im House-Stil[5] passiert, aber ich habe die Schraube noch etwas weitergedreht.

In den teilweise verständlichen Singstimmen geht es wieder um das Werben um partnerschaftliche Liebe -

ein Leitmotiv der ganzen Serie. Dass es sich hier immer um das Werben zwischen Mann und Frau handelt, hat reine dramaturgisch musikalische Gründe. Die zwei Teile eines Liebespaares werden durch Männerstimmen und Frauenstimmen einfach besser erkennbar.

FOTO

Ein Mann mittleren Alters, der angesichts seiner Hautfarbe offensichtlich ein Bewohner Kubas und kein Tourist ist, fährt in einem Cabrio an der Küste entlang. Es ist sonnig, aber die Farben sind seltsam bleich. Feuchte Luft und Bewölkung liegt im Hintergrund über dem Meer und färbt den Himmel von grau-weiß bis blasslila. Das verblichene Rosa des alten amerikanischen Autos korrespondiert sehr gut dazu.

Der Mann streckt seinen Arm in den Fahrtwind. Sein weißes Hemd, eine recht wertvoll erscheinende Armbanduhr und der makellose Strohhut drücken Stolz auf seine für die Landesverhältnisse offenbar recht gute finanzielle Situation aus. Er scheint genug Muße zu haben, um den Tag mit einer kleinen Ausfahrt zu genießen. Aus dem Autoradio erklingt vielleicht kubanischer Son[17] vom Altmeister Rubén González Fontanills[18].

Der Mann hat es bis in den kubanischen Mittelstand geschafft und ist guter Hoffnung, dass sein Land eines Tages in neuer Schönheit erblüht. Vielleicht träumt er auch von den kubanischen Frauen, die er am Abend zum Tanz auffordern wird.

MUSIK

In der Einleitung etabliert sich über einem rhythmischen und hellen Synthesizer-Klang das Tempo des Liedes. Im Hintergrund summen fröhliche Männerstimmen. Es entsteht eine gedämpft optimistische Stimmung. Nach und nach steigen die Rhythmusinstrumente ein, bis ein Klavier das Hauptmotiv der Begleitstimmen vorbereitet und von einer Frauenstimme dorthin geführt wird.

Das Hauptmotiv wird vom Klavier solo[19] vorgestellt. Wieder leitet eine Frauenstimme den Einsatz der gesamten Rhythmusgruppe ein. Mit dem Einsatz antwortet eine Männerstimmen auf den Ruf der Frau. Es entwickelt sich ein Dialog, der zwar erkennbare englische Wörter enthält, aber hier nicht als bedeutsamer Text eingesetzt wird. Dennoch kann man mit gutem Willen noch Sinn hineininterpretieren.

Die freche Mädchenstimme sagt: „Baby, du hast mich dazu gebracht, ja zu sagen." Der Mann antwortet: „Wenn deine Mutter dir sagt, wie du dich verhalten sollst." Ein koketter Dialog zwischen den Geschlechtern. Danach wird es wieder weitgehend lautmalerisch. Man könnte noch von den Frauenstimmen:

„Hör nicht auf zu fühlen" heraushören. Auch das würde Sinn machen.

Viel wichtiger ist das Timbre[20] der Stimmen. Eine eher freche, mädchenhafte Stimme und eine dominante, aber nicht brutale Männerstimme - eher wie ein strenger reiferer Mann - vielleicht der Mann vom Coverfoto? Es ist ein zweideutiges Spiel. Das Mädchen ist verführerisch, aber der reife Mann kennt seine Grenzen und genießt das Spiel als solches.

Im Hauptteil trägt eine Männergruppe das Hauptmotiv der Ursprungsfassung vor. Der Gesang ist ebenfalls lautmalerisch und basiert auf spanischen Sprachfetzen. Frauenstimmen summen dazu. Dann beginnt die Party und die Männer und Frauen tanzen in den karibischen Sonnenuntergang. Sie sind voller Hoffnung auf eine glückliche Zukunft auf ihrer schönen Insel.

GEDANKEN

Kuba ist nicht das einzige Land, das im Konflikt zwischen Kommunismus und Kapitalismus zerrissen wurde. Es begann wie so oft mit dem Sturz eines korrupten Diktators, der sich zum Vasallen einer Weltmacht gemacht hatte, um deren geopolitischen Interessen zu sichern. Es ist immer das gleiche Spiel mit unterschiedlichen Akteuren.

Genauso vorhersehbar ist die Ideologie des Umsturz-Unterstützers, die immer die Gegenseite repräsentiert. Kommunismus putscht gegen Kapitalismus und umgekehrt. Das Interesse des Volkes bleibt dabei eine Nebensache. Nach dem Umsturz gilt es die neue Macht zu sichern, doch das Volk träumte von einer Verbesserung der Lebensumstände. Zunächst werden von der neuen Macht goldene Zeiten angekündigt, bis die frohe Erwartung der Menschen in Gleichgültigkeit umgeschlagen ist und die Hoffnung nur noch von den Träumen genährt wird.

Diese Träume müssen von uns Barden[21] bewahrt werden, damit die Menschheit nicht in Verzweiflung versinkt.

■■

HAPPY FIESTA

Happy Fiesta ist eine Fortsetzung unserer Reise nach Lateinamerika. Auch dieses Lied basiert auf lateinamerikanische Rhythmen. Man könnte „Happy Fiesta" als Fortsetzung von „Cuban Hope" unter stabilen politischen Verhältnissen sehen. Die Protagonisten sind zwar nicht reich, aber so gut gestellt, dass sie sich ein üppiges Barbecue leisten können. Die ursprüngliche Komposition gab es bereits in zwei Varianten, die als Tanzmusik konzipiert waren.

Es gab keinen Grund daran etwas zu ändern. Von allen Titel des Albums ist „Happy Fiesta" der, dem ich am wenigsten musikalisch hinzugefügt habe. In meiner Fantasie habe ich lediglich den Zeitpunkt des Ereignisses nach vorn geschoben. Das passte auch gut zum Leitmotiv: Verheißung - Sehnsucht.

Jetzt ist das Barbecue vor dem Tanzen Zeitpunkt der Szene. Die Männer bereiten den Grill vor und sind voller Vorfreude auf den Abend und die Nacht. Die Frauen sind noch unter sich. Die Balz hat noch nicht begonnen.

FOTO

Die Schwierigkeit bei der Suche nach einem Barbecue-Foto bestand aus der Bedingung, dass die Region des Geschehens erkennbar sein sollte. Schließlich sieht gegrilltes Fleisch überall gleich aus. Dann fand ich das geeignete Foto unter dem Suchbegriff „Mexico".

Auf einem offensichtlich selbst gebauten Eisengrill brutzeln eine Paprika und ein mächtiges Steak. Das Rot des Grill-Untergestells korrespondiert zum Rot der Paprika. Die Farbe des Grill-Oberteiles ist bereits durch den häufigen Gebrauch verschwunden und das stark patinierte Schmiedeeisen mit hübschen Ornamenten ist sichtbar.

Eine Hand mit einer Grillzange wendet gerade das Fleisch. Im Hintergrund steht ein Tisch mit einer alten Mühle oder einem alten Fleischwolf, der als Behälter für Gemüse und Obst dient. Daneben wird verschwommen noch eine türkisfarbene Standfigur sichtbar. Die Farben symbolisieren pure Lebensfreude.

MUSIK

Ein an lateinamerikanische Musik erinnerndes Klaviermotiv leitet das Lied ein. Congas und Bongos[22] begleiten das Klavier. Mit dem akustischen Kontrabass singt eine leidenschaftliche Männerstimme das erste Gesangsmotiv. Mit dem Einsatz des Schlagzeugs antwortet eine Männergruppe mit den verständlichen englischen Worten: „Gimmie one more shot, baby, baby." Man könnte es hier als gesungene Vorbereitung zur später geplanten Tanzparty deuten. „Baby, gib mir noch eine Chance."

Die Idee der gesungenen Männergedanken zur folgenden Party zieht sich durch das ganze Lied.

Nach einem freudvollen Arpeggio[23] singt wieder eine solistische Männerstimme verständlich: „What you say, no matter what you say ...". - „Es ist ganz egal, was du sagst ...". Wir werden Freude haben.

Jetzt folgt ein instrumentaler Teil, und die für mexikanische Mariachi[24]-Musik typischen Trompeten erklingen. Ein eher nachdenklicher musikalischer Einschub verdeutlicht, dass wir uns permanent im Modus der Fantasie bewegen.

Jetzt singt die Männergruppe wieder das „Gimmie one shot-Motiv" und leitet den nächsten tänzerischen Instrumentalteil ein. Eine verständliche Männerstimme singt: „In the air", und es folgt wieder ein eher nachdenklicher Instrumentalteil. Ja, es liegt in der Luft, aber es geschieht noch nicht!

Zum Ende des Liedes manifestiert sich langsam die Fantasie und es wird ausschweifend. Verzerrte Elektrogitarren setzen surrealistische Akzente. Dies wird ein Fest ohne Volkstümelei!

GEDANKEN

Das Leitmotiv der Sehnsucht für dieses Projekt wurde mir erst nach und nach bewusst. Bei diesem Lied war es zumindest schon andeutungsweise für mich selbst erkennbar.

Auch die künstlerische Verlagerung von Bedeutungen ins Unscharfe half mir bei der Zusammenstellung der Musik. Da es sich in meiner Bearbeitung ausschließlich um eine elektronische Produktion handelte, war ich auf vorproduzierte Gesangschnipsel angewiesen, und die basierten teilweise auf verständlichen Wörtern. Sie so einzusetzen, dass sie nicht komplett an der Szene vorbeigehen, war eine Herausforderung, der ich nur mit viel Fantasie gerecht werden konnte.

Es galt die Grenzen der profanen Realität im Kunstwerk aufzubrechen. Im Falle von „Happy Fiesta" war es die Szene eines Festes, das mit dem Angrillen der Männer beginnt und hoffentlich in einer beglückenden Tanzparty endet - doch das Ende bleibt im Lied immer noch offen.

„Komm! ins Offene, Freund!"
aus „Der Gang aufs Land" von Hölderlin

HOT WATER

Aus Gründen der musikalischen Abwechslung beim Durchhören des Albums erscheint „Hot Water" an dieser Stelle, aber es war das letzte Lied, das ich bearbeitet habe - und es war die schwierigste Aufgabe.

Mit der gelieferten instrumentalen Vorlage konnte ich zunächst nicht viel anfangen. Meine Fantasie sträubte sich dagegen, eine passende Szene zu finden, weil die Musik sehr abstrakt war. Dann besann ich mich auf die Vorgehensweise der Inspiration durch ein Foto. Ich durchsuchte ziellos Landschaftsfotos - stundenlang.

Dann blieb ich bei einem Foto aus Island hängen, auf dem Touristen einen Geysir bewunderten. Das Foto war ein typischer Touristenschnappschuss und nicht im Geringsten inspirierend, aber der Geysir war beeindruckend. So konnte ich mich nun gezielt auf die Suche machen und fand letztlich das atemberaubende Foto, das auf dem Cover abgebildet ist.

Damit stand die Geschichte fest. Es geht um die Macht der Natur und um Demut.

FOTO

Als ich das Foto zum ersten Mal sah, habe ich mich zunächst gefragt, ob es ein echtes Foto ist. Nein - ist es natürlich nicht. Der Sternenhimmel ist hinein moniert und eine Aufnahme der NASA.

Ist der Geysir echt? Ja, es ist der Strokkur in Island. Wahrscheinlich sind die Farben noch heftig bearbeitet worden, aber das mindert für mich nicht den Reiz des Bildes. Immerhin nutze ich in meiner Musik auch digitale Techniken, die nichts mehr mit der „guten alten handgemachten Musik" zu tun haben. Wir schreiben immerhin das Jahr 2022 im digitalen Zeitalter!

Die tief stehende Sonne färbt das Geysir-Spektakel in einen unwirklichen Goldton. Im Hintergrund ist noch der Wasserdampf eines anderen Geysirs zu erkennen. Das Wasser ist heiß und der Weltraum ist eiskalt.

Das All mit den Sternen erscheint in Blautönen und ein blasses Rosa zeichnet einen kreisförmigen Nebel in den Himmel. Mehr moderne Ehrfurcht vor Natur geht fast nicht mehr. Die Natur ist machtvoll und weitgehend unbegreiflich.

Die Wasserfontäne ist offenbar länger belichtet und erscheint wie eine Wolkenpyramide. Wasser, Dampf und Weltraumnebel verschwimmen in nahezu formlosen Farbspielen.

MUSIK

Ein tiefes Streichinstrument setzt akzentuierte Töne auf die vollen Zählzeiten[25] des Rhythmus. Der Tonraum und das Tempo der Musik werden abgesteckt. Eine Frauenstimme in einem entfernten Raum setzt eine wortlose Melodie darüber. Rhythmische Begleitinstrumente füllen den Klang auf, bevor eine Roboterstimme eine neue Melodie anstimmt. Ein Schlagzeug etabliert die rhythmische Basis des Liedes.

Synthetische Streicher und Flöten setzen Motive über den Rhythmus des Schlagzeugs. Es entwickelt sich eine geheimnisvolle Mischung aus entfernten Stimmen, synthetischen Orchesterinstrumenten und originalen elektronischen Klängen.

Dann bricht der Geysir aus. Unter dem Klang des Ausbruchs setzt ein Klavier ein neues Motiv. Nach dem Ausbruch intoniert eine Flötengruppe Akkorde über denen Arpeggios[23] einer Klarinette erklingen. Ein elektronischer Bass hat die Aufgabe des tiefen Streichinstrumentes vom Anfang übernommen.

Ein zweiter Ausbruch folgt. Das vorher etablierte Klaviermotiv wird als Ostinato[9] mit dem Schlagzeug-Rhythmus fortgesetzt. Das Ostinato[9] zeigt an, dass diese Ausbruch-Sequenz endlos weitergeht. Nach dem Ausbruch spielt eine Klarinettengruppe unisono[26] ein energisches, rhythmisches Motiv, über dem wieder das Arpeggio[23] der Soloklarinette erklingt, bevor Synthesizer[27] zum Ende des Liedes führen, das mit einer verträumten Frauenstimme ausklingt.

GEDANKEN

Wie setzt man das Wunder der Natur in Bild und Klang um? Dem Schöpfer des Bildes ist es gelungen, die gewaltige Schönheit der Natur mit Hilfe einer künstlerischen Überzeichnung in Szene zu setzten. Die Musik sollte das zwar aufgreifen, aber ich wollte den Aspekt der Demut hinzufügen.

Glücklicherweise fand ich dafür die schönen Frauenstimmen in einer Sammlung und musste sie nur noch akustisch in einen geheimnisvollen Raum setzen, aber das ist nur technisches Handwerk. Schwieriger war es, die instrumentelle Basis zu gestalten.

Die musikalische Vorlage hatte bereits mit der ostinaten[9] und recht abstrakten Klavierfigur eine hinlängliche Symbolik für die Unendlichkeit der Natur geliefert. Für die anderen Stimmen galt es, ein profanes Muster für die musikalische Untermalung einer Naturdokumentation zu vermeiden.

Die Roboterstimme korrespondierte gut zur digitalen Bearbeitung des Fotos. Kosmische Synthesizer-Klänge waren zwar naheliegend, aber genau die Musterfalle, in die ich nicht tappen wollte. Mit den Flöten und Klarinetten fand ich eine befriedigende Lösung.

Klassische Orchesterinstrumente in elektronische Musik einzufügen, ist ein eklektisches Mittel, und ich bin ein bekennender Eklektizist. Der Schrei nach Originalität der verwendeten Elemente ist meines Erachtens ein Popanz.

Schließlich haben großartige Talente die von mir verwendeten Klänge gekonnt programmiert oder als Samples aufgenommen. Sie nicht zu verwenden, weil man einem Popanz nachjagt, ist schon fast respektlos.

■■

MYSTIC LAND

Ähnlich wie „Hot Water" hat „Mystic Land" eine Basis, die spontan keine konkrete Geschichte in mir ausgelöst hat. Allerdings hatte ich ziemlich schnell eine geheimnisvolle Landschaft vor Augen. Das führte dazu, dass der Titel bereits vor dem Foto da war.

In Zeiten der fortgeschrittenen Bildbearbeitung ist es grundsätzlich nicht besonders schwer, Landschaftsfotos zu finden, die durch Bearbeitung der Farben eine surreale Wirkung haben.

Dann fand ich das endgültige Foto, bei dem die Konturen zweier Vögel eingefügt waren. Was mich sofort inspiriert hatte, war die Tatsache, dass der Eingriff offensichtlich und kreativer Art war. Die ohnehin geheimnisvolle Landschaft wurde dadurch noch überhöht.

Das passte zu meinen Vorstellungen und gab dem Foto dadurch das Prädikat „passend".

FOTO

Das Foto wird von Baumwipfeln unter einem creme-farbenen Himmel mit blasslila Wolkenakzenten beherrscht. Ich würde den Wald als Urwald bezeichnen.

Die sichtbaren Lichtakzente in den Baumkronen sind weitgehend unwirklich und könnten auf nachträglichen Bildmanipulationen beruhen. Auch der Himmel hat eine fast absurde Färbung, aber so etwas habe ich bereits selbst erlebt. Die Natur ist zu unglaublichen Farbspielen in der Lage.

Der Wald liegt eher im Schatten, aber ein Sonnenlicht schlägt in der Ferne eine leuchtende Kerbe in den Wald. Jede andere Bezeichnung als „mystisch" für diese Szenerie wäre untertrieben.

Die Schatten der beiden Vögel sind dann das Tüpfelchen auf dem i. Sie erinnern an aufgeklebte Folien an großen Glasflächen, die verhindern sollen, dass echte Vögel sich das Genick daran brechen. Auch das Größenverhältnis zu den Bäumen hat keinen Anspruch auf Realitätsnähe.

Ob diese Fotomontage nun der klägliche Versuch eines Dilettanten ist, kann ich nicht sagen. Aber auch die sogenannte „Naive Malerei" hat mittlerweile Einzug in die Museen gefunden. Deshalb halte ich es für vollkommen überflüssig, mich mit dieser Frage zu beschäftigen. Das Bild hat mich angesprochen - das ist es, was zählt.

MUSIK

Die Musikvorlage hatte eine ziemlich lange Einleitung, die nur von einem Fender Rhodes[28] und einem Schlagzeug gespielt wird - ein Schwerverbrechen in Zeiten immer kürzer werdender Hits. Es war die Frage, ob man diese Einleitung gewaltsam auf einen größeren Unterhaltungswert trimmt oder eventuell kürzt.

Ich entschied mich für Ersteres, aber in einer dezenten Fassung. Ich fügte noch Schlagwerk und ein Ostinato[9] auf einem Ton hinzu, der das Stück sozusagen langsam wie eine Uhr aufzieht. Dazu gesellt sich eine ferne Männerstimme in einem fast unwirklichen Raum, die charakteristisch für das ganze Stück ist. Und das Ganze passiert, bevor das Rhodes[28] überhaupt mit seinem Motiv einsetzt.

Jetzt galt es, nicht die Nerven zu verlieren und der Musik ihren langen Atem zu lassen, wie es das zugehörige Bild verlangt, in dem die fliegenden Vogelschatten wie eingefroren erscheinen.

Motive von akustischen Gitarren und Männerstimmen wechseln sich bei der geduldigen Betrachtung der Szene ab, bevor eine rhythmische Bassfigur kurz Bewegung in die Szene bringt. Doch das Pendel schlägt nur kurz aus und kehrt wieder in seine ruhige Ausgangslage zurück. Tiefe Streicher auf lang gehaltenen Tönen bestätigen die zurückgekehrte Ruhe. Dezente Bläserklänge bringen nur eine neue Farbe ins

Spiel. Dann erklingt erstmalig ein elektronisches Blasinstrument (EWI[14]) mit flötenähnlichem Timbre[20], das
fortan die Führung des Geschehens übernimmt.

Das Schlagzeug auf der Basis eines House[5]-Stils
strukturiert das ansonsten musikalisch recht eindi-
mensionale Stück.

Die Musik wird durch das Wechselspiel und die sich
fortlaufende Verdichtung der Klänge bestimmt und
gewinnt gegen Ende durch die Melodiebögen des
EWI[14] zusätzlich an Fahrt, bis sich die Klangfläche auf
der gleichen rhythmischen Bassfigur vom Anfang
wieder bis zum Ende hin abbaut.

GEDANKEN

Es gibt Welthits, die nur aus einer Notlage veröffentlicht wurden. Bei der Produktion eines Albums war es
früher üblich, mehr Songs aufzunehmen, als auf eine
Schallplatte passten. Die Musiker und Produzenten
hatten die Umstände des Entstehens der Songs noch
gut in Erinnerung, als entschieden wurde, welche
Songs letztlich auf das Album kamen. Dabei waren
die Songs favorisiert, die flüssig aus der Feder aufs
Band kamen. Die sperrigen Produktionen wurden oft
schlichtweg weggeschmissen. Manchmal gab es weniger problemlos entstandene Songs als sperrige.
Manche dieser sperrigen Produktionen wurden später Welthits.

Ich glaube zwar nicht, dass „Mystic Land" zu einem Welthit wird, aber er gehört in diese gerade beschriebene Kategorie.

Das Lied widerspricht allen aktuellen Beurteilungskriterien eines erfolgreichen Popsongs. In der ersten Minute passiert fast nichts, und auch im Verlauf des Songs ist die musikalische Entwicklung überschaubar.

Dennoch passt die Musik zum korrespondierenden Bild. Auch dort „passiert" fast nichts, und trotzdem hinterlassen Bild und Musik eine ambivalente, herausfordernde Stimmung. Diese Stimmung ist geheimnisvoll und muss in Muße ergründet werden. Sie ist nicht sensationell!

Allerdings ist eine Meditation auch nicht sensationell, denn sie beruht auf Aufmerksamkeit, die sich eher auf transzendente Dinge richtet.

■■

HOLIDAY SUNRISE

Dieses Lied gehört eher zu denjenigen, die recht flüssig aus der Feder kamen. Das liegt nicht zuletzt an der Tatsache, dass ich ziemlich schnell die passenden Musikschnipsel fand. Und dann auch noch Trompetenklänge, deren Qualität ich als ehemaliger Berufstrompeter besonders gut beurteilen konnte.

Dann gesellte sich auch noch Genosse Zufall zu dem Schaffensprozess. Wie zuvor suchte ich zuerst nach dem passenden Foto. In diesem Falle lachte mich ein Foto an, das bereits auf meinem Computer-Desktop lag. Ich hatte keine Ahnung, woher das stammte.

Während meiner Arbeit an dem Lied kam mein Sohn Moritz kurz vorbei und ich zeigte ihm beglückt das Foto, das ich gefunden hatte. Er stutzte: „Das kenne ich. Das ist doch die Ferienanlage in der Dominikanischen Republik, in der ich gerade meinen Urlaub verbracht habe! Das habe ich selbst geschossen, oder es ist ein Foto von unserem Freund, der ein leidenschaftlicher Hobbyfotograf ist."

Wir rätselten noch, wie das auf meinen Desktop gekommen war, und berieten uns, wie es mit den Rechten stand, was bei den Archiv-Fotos, die ich sonst verwandt hatte, geklärt war. Er rief den Freund an, der freundlicherweise sofort die Freigabe erteilte.

Wie das Foto auf meinen Desktop gekommen war, konnten wir nie endgültig klären.

FOTO

Die Sonne geht hinter dem Schlaftrakt einer kleineren Ferienanlage auf, deren Gebäude flach gehalten sind - offensichtlich ein exklusiveres Ressort. Dafür spricht auch der riesige Pool, der aus Fotografensicht vor dem Gebäude liegt, und in dessen noch ruhigen Wasser sich die Szene perfekt spiegelt.

Über den Himmel ziehen dicke Cumulus-Wolken, die einen sonnigen Tag versprechen. Am Beckenrand warten drei große Bälle darauf, dass sie von den Urlaubsgästen im Wasser ausgelassen bespielt werden.

Am linken Bildrand ist eine üppige Grünzone zu erkennen. Einige Blätter der Bäume, die in das grelle Licht der aufgehenden Sonne ragen, verraten Palmengewächse.

Das Foto erstrahlt in einem sonnigen Gelbton, mit dem das Blau des Himmels, der zwischen den Wolken sichtbar ist, kontrastiert - es ist angerichtet. Noch ist kein Mensch zu sehen. Entweder schlafen die Gäste noch, oder sie befinden sich im Frühstücksraum.

So stellen sich wohl die meisten Menschen einen gelungenen Urlaub vor. Nun kann man sich über dieses Muster eines gelungenen Urlaubs lustig machen oder das angenehme Gefühl ernst nehmen. Ich habe mich für die zweite Möglichkeit entschieden, denn Gefühle mögen zwar auf fragwürdigen Mustern basieren, aber sie sind für den Erlebenden immer echt.

MUSIK

Bereits die Musikvorlage begann mit einem fröhlichen Motiv von gezupften Streichinstrumenten - in der musikalischen Fachsprache „Pizzicato[29]" genannt. Das reichte bereits für die Entscheidung, es bei einer fröhlichen Stimmung für das Lied zu belassen.

Die Vorfreude auf einen schönen Urlaub ist so eine Stimmung. Also mischte ich zunächst das vermeintliche Geplätscher des Pools unter dem Einfluss der Umwälzpumpen samt aufkommendem Vogelgezwitscher unter die Musik.

Dann setzen verschiedene Frauenstimmen ein, die mit eher beiläufigen Motiven den rhythmischen Aufbau begleiten. Dieser Aufbau reißt in einem sogenannten „Drop[30]" ab, und die volle Kapelle beginnt zu spielen.

Jetzt antworten die Männer auf das eher zurückhaltende Vorspiel der Frauen mit Motiven, die deutlich konkretere Freude ausdrücken. Vielleicht freuen sie sich auf das wilde Spiel mit den riesigen Bällen. Auf dem flockigen Groove[10] des Liedes entwickelt sich ein musikalisches Spiel zwischen den Männerstimmen und einer Trompetengruppe. Dieses Spiel ist ein traditionelles Stilmittel aus der afrikanischen Musik und wird „Call and Response[31]" genannt.

Ein erneuter Drop[30], der zunächst nur von den Pizzicato-Streichern[29] und den Naturgeräuschen bestritten wird, leitet den zweiten Hauptteil des Liedes ein. Eine gegenrhythmische Bassfigur bringt Spannung in den Drop[30] bevor sich die Spannung in einer getragenen Melodie löst, die deutlich aus einer elektronischen Klangquelle stammt, aber an Streicher erinnert.

Wieder antwortet die Trompetengruppe auf die Melodie und dieses Spiel wiederholt sich noch einmal. Dann klingt das Lied langsam mit dem Anfangsmotiv der Pizzicato-Streicher[29] und den Naturgeräuschen aus.

GEDANKEN

Es erscheint paradox, sich gerade anlässlich dieses vollkommen „harmlosen" Liedes ernste Gedanken zu machen, und trotzdem tue ich es jetzt.

Vor diesem musikalischen Projekt habe ich bereits über hundert Popsongs veröffentlicht. Jede Veröffentlichung wird von einer mehr oder weniger aufwendigen Marketing-Kampagne begleitet, die die

Vorstellung des Werkes bei Kuratoren beinhaltet. In unserem fachlichen Wortschatz werden sie „Door Keeper[34]" genannt, weil sie die Verbreitung eines Liedes fördern oder durch Ignoranz behindern können.

Der Künstler bekommt auch öfter einmal eine Rückmeldung von diesen Kuratoren. In meinen Rückmeldungen kommt auffallend oft das englische Wort „weird" vor - seltsam, schräg, verrückt. Der unvoreingenommene Hörer wird vielleicht meine Songs als ungewöhnlich empfinden, aber nicht schräg, denn sie setzen sich vornehmlich aus gängigen Versatzstücken der Popmusik zusammen.

Offensichtlich ist die milde Grenzüberschreitung meiner eklektischen elektronischen Musik bereits eine Überforderung für viele Wächter der Musikschubladen. Allerdings ist die Innovation eine der Haupttugenden der Kunst. Menschen, die Kunst kuratieren, sollten das eigentlich verinnerlicht haben, denn sie sollten doch Experten auf ihrem Gebiet sein. Wenn sich ihre Expertise darauf beschränkt, möglichst den Status quo andauernd zu zementieren, so mache ich mir einige Sorgen um die Zukunft der Kunst.

Allerdings gab es schon immer reaktionäre Musikkritiker, die darüber hinaus ihren Expertenstatus noch mit Diplomen als Musikwissenschaftler festigten. Also

machen wir Künstler einfach weiter - nur unserem eigenen Gewissen verpflichtet.

■■

GENTLE LIGHTS

Der Witz vorweg - „Gentle Lights" ist unter dem Meta-titel[35] „Gentl Lights" veröffentlicht worden. Ich habe mich einfach verschrieben. Bemerkt habe ich es erst, als das Lied bereits 3000 Streams[36] verzeichnete.

Davor hatte sich der Filmtitel „Yentl" (von und mit Barbra Streisand) wie ein Schatten über meine Auf-merksamkeit gelegt. Eine Korrektur nach der Veröf-fentlichung ist aufwendig, und so habe ich es zu-nächst dabei belassen.

Der eigentliche Witz ist allerdings, dass das nach den Bestimmungen der Plattformen gar nicht hätte pas-sieren dürfen, denn die besagen, dass der Titel auf dem Cover mit dem Metatitel[35] übereinstimmen MUSS. Der Fehler ist mittlerweile korrigiert worden.

Bemerkenswert ist auch die Tatsache, dass dieses Lied mich beim Mischen[37] und Mastern[37] fast um den Verstand gebracht hätte. Entgegen meiner üblichen Produktionsweise gab es viele Spuren zu berücksich-tigen, die sich in den Frequenzen[38] überlagerten. Wenn ich heute das Ergebnis meiner Bemühungen höre, denke ich immer an die akribische Arbeit, die dahinter steckt.

Kunst ist nicht immer nur kreativ, sondern manchmal auch harte Arbeit. In diesem Fall bestand die Arbeit in dem musikalischen Handwerk, eigenständige Stimmen von Klangfarben zu unterscheiden. Das macht einen großen Unterschied und ist zum Beispiel eine Fähigkeit der Dirigenten von großen Orchestern.

FOTO

Abgesehen von der Tatsache, dass heute fast jeder Fotograf seine Fotos digital bearbeitet, ist es ein „echtes" Foto.

Wir schauen von einem Weinberg auf die tiefer gelegene Landschaft. Am Horizont scheint die tief stehende Sonne gleißend hell - eine sogenannte Gegenlichtaufnahme. Darüber wölbt sich ein bonbonfarbener Himmel mit Wolkenformationen, die die Sonne quasi umrahmen.

Das Licht der Sonne ist keineswegs „gentle", also sanft, aber es taucht die frühherbstliche Landschaft in ein solches. Aus dem Wald steigen Nebel hoch, die die Sonnenstrahlen sichtbar machen. Die Weinstöcke und Bäume werfen scharfe Schatten.

Der Herbst hat bereits einige Blätter rostrot verfärbt. Auf einem Hügel am linken Bildrand sind Häuser zu erkennen. Fast in der Mitte des Bildes ragen auf einem anderen Hügel zwei einsame Pappeln in den Himmel. Am rechten Bildrand ist in der Ferne ein Gebirgszug zu erkennen. Die Stimmung ist sehr friedlich.

MUSIK

Bei der Arbeit mit den eigentlich lautmalerisch gemeinten Gesangsschnipseln ist mir wieder aufgefallen, dass gesprochene (und noch mehr gesungene) Sprache nur im Zusammenhang einen deutlichen Sinn ergibt. Papageien können auch Sprache imitieren, ohne dass gewollt eine Bedeutung damit verbunden ist.

So fängt das Lied gleich mit dem Ausruf einer männlichen Gesangsgruppe an, der klanglich an das englische „chain" erinnert, was aber weder im Zusammenhang mit Titel oder Foto noch allein stehend Sinn ergeben würde. Für dieses Lied können wir Versuche von Sprachdeutung vollkommen vernachlässigen.

Nach dem Vorspiel mit den „Chain-Rufen" wird der harmonische Rahmen abgesteckt. Die Männergruppe setzt in mehrstimmigen Gesang hübsche Akzente darüber. Nun baut sich durch zusätzliche Percussionsinstrumente ein gelassener, aber intensiver Groove[10] auf. Darüber entwickelt sich ein „Call and Response[31]" von Männerstimmen und synthetischen Instrumenten, die an eine Gruppe von elektrifizierten Cembalos[32] und einem elektrifizierten Hackbrett[33] erinnert.

Neben vielen „oohs und aahs" von den Männerstimmen taucht auch unser „chain" immer wieder auf. Mangels fehlender Deutung des Wortlautes [tʃeɪn] hat hoffentlich jeder Hörer seine eigene Deutung gefunden.

Das war es dann auch schon. Der Groove[10] hält die Spannung bis zum Schluss aufrecht, ohne dass neue Gestaltungselemente benötigt werden.

GEDANKEN

Als erfahrener Musiker habe ich den Leitspruch „Weniger ist oft mehr" verinnerlicht. Die größte Gefahr bei der Produktion elektronischer Musik besteht in der schier unendlichen Vielfalt der Möglichkeiten. Schnell ist eine Tonspur nach der anderen hinzugefügt. In der Produktion von Mainstream-Popmusik sind es oft nur hunderte von kleinsten Klangschnipseln, die den Gesamtklang unverwechselbar machen sollen. Leider gelingt das nur wenigen Meistern ihres Faches. Bei vielen Produktionen reicht es nur zu einem Einheitsbrei.

Als klassisch geschulter Musiker denke ich nach wie vor in Stimmen einer Orchesterpartitur. Dabei ist die Frage immer: „Gibt es an dieser Stelle etwas Zusätzliches zu sagen?" Bei einem traditionellen Popsong ist das eigentlich mit wenigen Stimmen erledigt. Als Referenz empfehle ich den Vergleich zwischen der Ur-Version (Let it be - Naked) des Beatles Albums mit der später verschlimmbesserten Version (das war die offizielle Veröffentlichung) des Produzenten Phil Spector. Natürlich ist es eine Sache des Mehrheitsgeschmackes, der sicherlich in Richtung Zuckerguss geht, aber „gesagt" ist in der Ur-Version eigentlich bereits alles.

Bei „Gentle Lights" sah ich keine Notwendigkeit noch mehr Gestaltungselemente einzufügen, aber damit der Groove[10] die Spannung aufrecht erhalten konnte (samt Aufbau und Abbau) brauchte es zusätzliche Stimmen. Da die Basis aber bereits mit Schlagzeug und Bass ziemlich frequenzfüllend besetzt war, musste es an dieser Stelle zu Überlagerungen kommen. Das führte zu den eingangs beschriebenen tontechnischen Herausforderungen.

DANCE DESIRE

Die Inspiration zur Geschichte von „Dance Desire" wurde nicht erst durch das Foto ausgelöst, sondern nur dadurch konkretisiert. Mir war von Anfang an klar, dass es sich um eine Tanznummer im klassischen Sinne von Tanzen handeln würde. Das bedeutet, dass der Herr eine Dame zum Tanz auffordert. Die Frage war nur, wo das heute noch geschieht. Dann erinnerte ich mich an eine Dokumentation von öffentlichen Tanzböden unter freiem Himmel, die wie eine Kontaktbörse für alleinstehende Menschen in allen Altersklassen funktionieren. Sie waren verwitwet oder hatten anderweitig Pech in der Liebe.

Nachdem ich das Foto eines kleinen Platzes in Palermo in den frühen Abendstunden gefunden hatte, war auch der Zeitpunkt der Geschichte bereits erzählt. Ich wählte die Sicht der Frauen vor dem Aufbruch zum Tanzboden aus. Für sie war das Hoffen auf einen beglückenden Abend eine passive Angelegenheit, denn es geziemte sich nicht, aktiv zu werden. Mehr Sehnsucht geht nicht - eine fast schmerzhafte Sehnsucht. Eine altmodische Sichtweise im modernen House[5]-Stil - perfekt eklektisch.

FOTO

Früher Abend in Palermo. Die Straßenbeleuchtung ist bereits vollständig eingeschaltet, aber der noch dunkelblaue Himmel verrät, dass die Nacht noch nicht begonnen hat. Ein gepflastertes Rondell ist im Vordergrund zur Hälfte sichtbar. Es wird von hellen Strahlern erleuchtet, und bunte, bereits etwas ausgeblichene Fähnchen säumen das Rund des Tanzbodens.

Nur zwei Männer am rechten Bildrand, die auf der Umrandung des Platzes sitzen, und zwei vorbeifahrende Autos beleben das Bild. Ansonsten sind weder auf der Straße, die den Platz umrundet, noch auf der Straße, die vom Platz aus in die Tiefe des Bildes geht, Menschen zu sehen. Bunte Leuchtreklamen und Pergolas lassen Restaurants vermuten, die noch auf die Abendgäste warten.

Vermutlich bereiten sich auch die späteren Tänzer noch in ihren Wohnungen auf den Abend vor. Die Frauen schminken sich vielleicht noch, und die Herren überprüfen ihr Erscheinungsbild im Spiegel.

Durch die vielen Lichter erscheint das Bild trotz der Menschenleere sehr einladend. Man spürt noch die Wärme des Tages und freut sich auf die kühlere, lebhafte Nacht. Der Platz wird von mächtigen Bäumen gesäumt, deren Äste wie ein schützendes Dach über die spätere Tanzfläche ragen.

MUSIK

Analog zur Idee, dass die Musik in der Fantasie der Frauen erklingt, beginnt das Lied mit einem anschwellenden Bassrhythmus. Geheimnisvolles Rauschen unterstützt die Idee.

Dann erklingen Gesangsmotive der Frauen, die voller freudiger Erwartung sind. Ein Klavier antwortet mit bestätigenden Akkorden. Ja, heute wird es klappen mit dem Mann der Träume - „Something so good" (Etwas so Gutes). Scheinbar belanglos wird eine einfache Tonleiter im la-la-la eingeworfen - nur die innere Spannung nicht zeigen. Eine andere Stimme kommentiert allerdings für den Hörer deutlich: „Lonely girl" (Einsames Mädchen).

Die ganze Rhythmusgruppe steigt nun ein und der fantastische Tanz beginnt. Nun sind die Männer am Zug. Ein betörender mehrstimmiger Gesang verströmt liebevolle Wärme - dann eine einzelne Stimme: „Baby, baby, I am still in love with you." Ja, genau das wollen die Frauen hören!

Jetzt gibt es kein Halten mehr. Die Körper wirbeln über die Tanzfläche und solistische Gitarrenmotive heizen ordentlich ein. Es wird wieder Zeit, Luft zu holen und sich tief in die Augen zu schauen. Ein lautmalerischer Dialog zwischen Männer- und Frauenstimmen folgt. Die Musik reißt ab, und in einem Drop[30] erklingt das Echo der Musik samt dem verräterischen Rauschen, das die Illusion kennzeichnet.

Aber nein - es ist doch kein Traum; denn die Männer wiederholen ihre Beteuerungen mit ganzer Inbrunst. Eine schöne Melodie bestätigt noch das angenehme Gefühl der Frauen.

Doch dann geht der Traum zu Ende. Ein ähnlicher Bassrhythmus wie am Anfang erklingt und verschwindet langsam. Die Musik verstummt und das bekannte geheimnisvolle Rauschen verflüchtigt sich im Nichts.

GEDANKEN

Ich kann mich nicht erinnern, dass ein anderes eigenes Lied mich so mitgenommen hätte, wie „Dance Desire". Ich bin von meiner eigenen Fantasie überwältigt worden. Einsamkeit und Verlangen sind nun einmal höchst emotionale Dinge. Ich selbst habe noch einen natürlichen Schutzmechanismus namens Ironie im emotionalen Werkzeugkasten. Aber der funktioniert nur, wenn es um mein eigenes Befinden geht.

In diesem Fall ist die Empathie und Romantik einfach mächtiger gewesen. Als das Lied fertig war, musste ich tatsächlich weinen. Wir müssen oft weinen, wenn wir Gegensätze nicht mehr aushalten können. Auf der einen Seite steht die Schönheit der Schöpfung und auf der anderen Seite der ganze Mist, den wir ständig ertragen müssen - Krieg, Gier, Verlust von geliebten Menschen und so weiter. Wut und Verzweiflung mischt sich mit Hoffnung, die wiederum so oft enttäuscht wird. Somit ist das Weinen auch Ausdruck eines unstillbaren Verlangens nach Versöhnung von Gegensätzen.

Obwohl dies kein philosophisches Buch ist, sei es mir erlaubt ein paar Querverweise anzuführen. Ich habe bereits die grundsätzliche Art der hier vorgestellten Musik als eklektisch bezeichnet, was im weitesten Sinn bedeutet, dass unterschiedliche Dinge (Musikstile, Musikelemente) ohne Rücksicht auf Konventionen zusammengeführt werden.

Vom Grundgedanken des Zusammenführens her, ist auch Baruch de Spinoza's Philosophie in gewisser Weise eklektisch. Wenn man dann noch in Betracht zieht, dass Albert Einstein sich auf Spinoza's Gott berief, so schließen sich für mich einige Kreise. Es wäre vermessen zu sagen, dass es Kreise der tiefgreifenden Erkenntnis sind, aber sie fordern in jedem Fall eine größtmögliche Offenheit des Geistes und verbieten in sich geschlossene Ideologien. Nur so konnte Einstein das entdecken, was bis dahin ein Rätsel war.

Vielleicht sollten wir mehr weinen, um mit Gott (was auch immer das ist) in Verbindung zu treten.

■■

MARRY ME

Sobald ein kreativer Prozess gestartet ist, schießen die Gedanken ins Kraut. Beim Anhören des Basis-tracks[39] erklangen in meiner Fantasie mächtige Blechbläser[40] - eine Erinnerung aus meiner Zeit als Orchestertrompeter. Solche Bläsersätze erklangen oft in Kirchen anlässlich einer Hochzeit.

Mit der Assoziation „Hochzeit" war der Rahmen abgesteckt. Das Leitmotiv „Sehnsucht" verbot quasi die Hochzeit selbst als Geschichte zu etablieren. Somit war die Hochzeit nur Teil einer Männerfantasie im Verlangen nach der idealen Braut.

Das Foto erledigte dann den Rest. Der Mann stellt sich seine ideale Braut vor und huldigt ihr. Die idealisierte Braut ist bereit und haucht: „Marry Me". Leider existiert sie nicht, sondern wartet als Zerrbild in einem surrealen Ambiente im Wald auf den Bräutigam.

Sie trägt bereits das prachtvolle Brautkleid und ist wunderschön.

FOTO

Wir sind im Wald. Im unteren Vordergrund ist unscharf der Waldboden einer Lichtung zu sehen. Das Gelände steigt leicht an und hinter der kleinen Kuppe beginnen die Bäume. Die erste Reihe der Bäume liegt im Schärfenbereich des Fotos.

Es ist ein Fichtenwald, aber im oberen rechten Bild zeigen sich auch Blätter von einem Laubbaum. Alle Bäume sind sehr gerade, wie es bei Fichten üblich ist. Nur ein Baum im linken Bereich des Bildes windet sich in Bögen dem Himmel entgegen. Hinter diesem Baum steht seitlich versetzt eine Braut.

Sie beugt sich etwas nach hinten und ihre linke Hand umfasst den schmalen Baumstamm. Der rechte Arm ist abgewinkelt und die Hand berührt ihren Haaransatz. Diese Haltung nimmt man ein, wenn man die Augen bei einem Blick in die Ferne vor der Sonne schützen will. In der Tat schaut die Braut in die Ferne, aber es gibt keine Sonne und die Handfläche ist eher nachdenklich nach oben gerichtet.

Hochgesteckte Haare, Schminke und ein prachtvoller Ohrring verraten den festlichen Anlass. Ihre helle Haut ist makellos und wird im oberen Teil nur von einem einzelnen diagonalen Träger des Brautkleides bedeckt. Ein silberner Metallgürtel umfasst ihre Taille und der Rock des Kleides entfaltet sich glockenartig zum Boden. Die Füße verschwinden hinter dem kleinen Hügel. Gegen das Dunkel des Waldes scheint die Braut aus sich heraus zu leuchten. Eine unwirklich erscheinende Lichtstimmung.

MUSIK

Das Tempo des Liedes wird mit sparsamen Schlagwerkklängen gesetzt. Entrückte Frauenstimmen schaffen eine geheimnisvolle Stimmung und ein orgelähnlicher Synthesizer setzt erste Akkorde. Die Basstrommel setzt ein und spielt die für House[5]-Musik typischen Beats[16] auf alle vollen Zählzeiten[25].

Nun setzt eine Männerstimme mit der Botschaft ein, dass er weiß, dass er die Frau in seiner Fantasie liebt. Er bittet sie, ihm zu sagen, was sie möchte und was sie braucht („Tell me what you want, what you need - tell me -tell me". Kein Wunder, wenn man sie gar nicht kennt, da sie eine Traumgestalt ist. Im Hintergrund hört man immer wieder die entrückten Frauenstimmen, die dem Mann noch mehr den Kopf verdrehen.

In einem Zwischenspiel erklingen rockige elektrische Gitarren im Wechselspiel zwischen den Stereokanälen. Jeder Einsatz wird vom Wunsch des Mannes: „One more time" (Noch einmal) abgeschlossen. Der Traum soll nicht aufhören. Danach erklingt ein mächtiger Bläsersatz - wie zum Einzug des Paares in die Kirche.

In einem weiteren Zwischenspiel erklingen wieder die Stimmen von Mann und Frau ohne Worte. Was hätten sich Traumfiguren auch schon zu sagen? Stattdessen erklingt wieder der Bläsersatz - Marry Me!

Eine getragene und ebenso entrückte Synthesizer-Melodie unterstreicht die märchenhafte Szene, bevor zum Ende Mann und Frau noch einmal in einen unfruchtbaren und sehnsüchtigen, wortlosen Dialog eintreten. Ganz zum Schluss bleibt der Ruf des Mannes in einer Schleife hängen. Es bleibt beim Traum.

GEDANKEN

In letzter Konsequenz sind alle Lieder Ausdruck einer großen Trauer. Selbst die beschwingten Titel führen nie zur Vollendung - weil meine erdachten Geschichten es nicht wollen - ja, nicht können. Die beschriebenen Szenen sind einfach zu perfekt. Die besungenen Landschaften und die besungenen Szenen der Liebe sind zu schön, um wahr zu sein.

Wir wissen einfach aus der Erfahrung, dass keine Landschaft so schön ist wie der Ausschnitt eines Fotos. Genauso wenig gibt es menschliche Beziehungen, die frei von Spannungen sind. Aber genau das kann Kunst verbinden. In Kunstwerken ist alles gleichzeitig enthalten. Kunstwerke können für den Betrachter oszillieren - sie sind gleichsam Wunderwerke.

Schmerz, Trauer, Glück, Schönheit und Schmutz in einem - genauso vielfältig wie unsere Natur. Das wahre Glück von Freiheit ist nur im Ganzen zu finden. Wenn wir unseren Geist in Richtung dieser Erkenntnis öffnen, haben wir einen wichtigen Schritt zur Lebensfreude gemacht.

■■

GOSPEL TRAIN

Der Basistrack[39] dieses Liedes beinhaltete bereits einen Gospel-Chor. Somit war das Thema bereits abgesteckt. Also machte ich mich auf die Suche nach einem geeigneten Foto. Seltsamerweise gibt es nur wenige Fotos mit einem Gospelchor in den Archiven, die auch Lizenzen vergeben.

Dann änderte ich meine Suche Richtung „Gott/Glaube" und wurde fündig - mit einem Volltreffer. Zum Zeitpunkt der Niederschrift dieses Buches ist „Gospel Train" das meist gehörte Lied des Albums. Wenn ein Lied mehr Hörer als der Durchschnitt aller Lieder hat, ist es eine Aufgabe des unabhängigen Künstlers oder Musiklabels[41] nach den Ursachen zu suchen, denn wir sind auch unsere eigenen Manager.

Für den Künstler selbst sind alle veröffentlichten Titel gleichwertig, aber auch er hat seine Lieblingstitel. In den drei Jahren, seit ich wieder Musik mache, sind es eigentlich nie meine Lieblingstitel, die überdurchschnittlich oft gehört werden, aber das ist nicht ungewöhnlich. Wir tragen das ganze Wissen über Idee und Entstehung in uns, während der Hörer nur das

Ergebnis wahrnimmt. Das sind unterschiedliche Standpunkte.

„Gospel Train" gehörte anfangs nicht zu meinen Lieblingstiteln, aber nachdem ich es noch einmal sorgfältig analysiert habe, weiß ich, warum es gefällt. Die folgenden Details werden es auch für den Leser offensichtlicher machen.

FOTO

Wir befinden uns in einer Kirche, und das Foto ist von oben geschossen. Vermutlich von einer Empore, wo vielleicht auch die Orgel steht. Dieser Blick ist mir bekannt, da ich viele Jahre auch als Kirchenmusiker gewirkt habe. Der Nachweis einer Kirche wird durch den Anschnitt einer prachtvoll geschnitzten Kirchenbank aus rötlich schimmernden Holz erbracht.

Der beigefarbene Fliesenboden ist wahrscheinlich während einer Restaurierung eingebracht worden. Auch die Kirchenbank erscheint neuwertig restauriert. Tageslicht fällt durch ein nicht sichtbares Kirchenfenster. Die scharfen Schatten lassen eine frühe oder späte Tageszeit vermuten. In jedem Fall fällt das Licht in einem flachen Winkel durch das Fenster. Die Lichtsituation ist extrem friedlich und naturalistisch, da das Tageslicht nicht durch farbiges Fensterglas eingefärbt ist.

Im Mittelpunkt des Bildes ist eine dunkelhäutige Frau stehend zu sehen, die gerade betet. Zwischen ihren Fingern baumelt eine zarte Kette mit einem abschließenden Kreuz, was auf eine christliche Gesinnung schließen lässt. Da die Frau Schlappen an den Füßen trägt und ansonsten keine Anzeichen eines Gottesdienstes zu erkennen sind, scheint es sich um einen kurzen Abstecher für ein stilles Gebet zu handeln.

Eine übergeworfene Jacke lässt auf die typische Kühle eines Gotteshauses schließen. Lange, dunkle und glatte Haare fallen über die Jacke, unter der ein weißes Topteil sichtbar wird. Das weiße Top ist der einzige Farbakzent in einem Meer aus Beige- und Brauntönen. Das Gesicht der Frau strahlt innere Ruhe aus.

MUSIK

Zusammen mit einigen Klavierakkorden und einer luftigen, dunklen Flöte setzt direkt eine Frauenstimme ein, die irgendetwas zu sagen scheint. Für mich als deutschen Muttersprachler ist es auch als geübter Hörer englischer Sprache unverständlich. Wie ich schon an früherer Stelle erörtert habe, ist das aber bei allen Liedern nebensächlich. Es kommt auf die Stimmung an, und die passte zur betenden Frau vom Foto.

Nun setzt erstmalig der Gospelchor kommentierend ein. Das Motiv des Gospelchores wiederholt sich mehrfach innerhalb des Liedes und ist damit ein Leitmotiv[42].

Während sich der House-Rhythmus etabliert, setzen Frauenstimme und Flöte die Harmonien in Melodie-fragmente um. Eine längere Melodie wird nun von synthetischen Streichern vorgetragen. Im Hinter-grund setzt der Gospelchor Akzente dazu.

In einem Drop[30] erklingt nun eine Harmonika, die an Blues[43] erinnert. Ein Layer[44] mit Streichern und glo-ckenartigen Klängen setzt eine kleinere Melodie dar-über. Nach einem erneuten Drop[30] übernimmt die Flöte (mit einem EWI[14] von mir eingespielt) die Füh-rung.

Mit einem rhythmischen Motiv von diversem Schlag-werk geht das Lied dem Ende zu. Ein rhythmisches Synthesizer-Motiv ergänzt das Schlagwerk. Mit dem Verklingen des Synthesizers sagt die Frau in einem Sprechgesang - erstmalig deutlich verständlich: „I've got the feeling" (Ich habe das Gefühl).

GEDANKEN

Mein Verhältnis zu Gott hat sich in meiner Lebenszeit mehrfach gewandelt. Ich erinnere mich sehr klar an den Zeitpunkt der Erkenntnis, dass ich eines Tages sterben muss. Ich war 11 Jahre alt und es passierte vor dem Einschlafen. Ich brach in Tränen aus, und von da an dachte ich über den Sinn des Lebens nach.

Mir war klar, dass ich diesen Sinn im Schulalltag und auf dem Hof beim Spielen nicht finden würde.

Als angehender Konfirmant der evangelischen Kirche begann zu dieser Zeit der Konfirmandenunterricht. Die Wirkung dieses Unterrichtes ist - wie auch der Schulunterricht - von der Eindrücklichkeit des Lehrers abhängig. Glücklicherweise hatte ich einige sehr gute Lehrer. Auch der Pfarrer unserer Gemeinde war eine beeindruckende Persönlichkeit. So wurde ich zum jungen Gläubigen.

Diese Gläubigkeit wandelte sich im Laufe der vielen Jahre zu einem fundamentalen Gottvertrauen, das mich bis heute beseelt. Allerdings koppelten sich institutionelle Religionen nach und nach von diesem Gottvertrauen vollständig ab. Dafür haben die Kirchen zu viel Unheil in diese Welt gebracht. Ich habe die Religionen für mich durch das Verlangen nach Transzendenz ersetzt.

Betende oder meditierende Menschen symbolisieren für mich dieses Verlangen. Sie mögen irren, aber wer irrt nicht? Solange diese Menschen nach innerem und äußerem Frieden suchen, sind sie mir willkommen. Jegliche Beeinflussung Anderer hat keinen Platz in dieser Suche. Eine Gemeinschaft Suchender ist daher immer mit größter Vorsicht zu genießen. Die Grenzen zur Manipulation und Unterdrückung Andersdenkender sind fließend.

Demut ist eine unabdingbare Voraussetzung für das Gelingen der Suche. Allerdings gilt auch hier das Prinzip der Widersprüche in unserem Leben. Da die Welt voller leidenschaftlicher Manipulatoren ist, sollte die Demut mit Wehrhaftigkeit gepaart sein. In einer nicht definierbaren Mitte entfaltet sich ein offener Geist am besten.

■■

MUSIK UND WORT

Die Verbindung von Musik und Wort ist wahrlich nichts Ungewöhnliches. Gesang dürfte sogar der Ursprung der Musik sein, weil er keiner Instrumente bedarf. Inwieweit diese Gesänge lautmalerischer Natur waren oder bereits sinnhafte Texte zur Grundlage hatten, wäre reine Spekulation. Wahrscheinlich war es ein Entwicklungsprozess.

Musikwissenschaftlich belegt ist lediglich Instrumentalmusik anhand von Funden frühester Flöteninstrumente aus Knochen. Viel später sind dann die religiösen Gesänge überliefert und im Mittelalter dann unter anderem die Minnelieder.

Die Minnelieder sind quasi die Vorläufer der heutigen Popsongs. Die erste Oper ist der Ausgangspunkt für die Entwicklung komplexerer Liedstrukturen und von anderen Erzählformen mit Musik. Operette, Musical und andere Formen kann man als Musiktheater zusammenfassen. Mit der Entwicklung der Medientechnik kamen dann der Musikfilm und das Musikvideo dazu.

Aus der klassischen Musik entwickelten sich auch noch viele experimentelle Verbindungen von Wort und Musik. Geläufig sind jedoch gesungene Texte innerhalb eines Liedes.

Was die hier vorliegende Form des Zusammenspiels von Wort und Musik betrifft, sei noch die sogenannte Programmmusik erwähnt (z.B. Alpensymphonie von Richard Strauss), in der Geschichten ohne Text erzählt werden. Es handelt sich dabei aber eher um Stimmungen, die musikalisch interpretiert werden. Die Verbindung ist für den Hörer eher rückschlüssig durch die Kenntnis der Geschichte erfahrbar, wobei die Geschichte nicht ausführlich erzählt wird, sondern vage bleibt.

Die diesem Buch zugrunde liegende Form entspricht von der Entstehungsgeschichte am ehesten dieser Programmmusik. Im Falle der Alpensymphonie zeichnet Strauss ein musikalisches Stimmungsbild anhand von Naturerfahrungen. Das ist ein eindeutig persönliches Leitmotiv.

Die Eindeutigkeit schwindet jedoch, wenn ein anderer Komponist die Aufgabe bekommt, die Musik neu zu interpretieren. Obwohl er anhand einiger Merkmale (z.B. Titel oder Stil) Anhaltspunkte findet, können seine persönlichen Erfahrungen stark von denen des ursprünglichen Komponisten abweichen. Das kann ein andere kultureller Hintergrund, das Lebensalter, oder auch seine Charaktereigenschaften sein. Ein

Gewitter in den Alpen kann für den einen ein bedrohliches Erlebnis sein, und für den anderen ein freudvolles Abenteuer.

Als ich die zwölf Tonspuren bekam, konnte ich die meisten Ursprungsideen identifizieren, aber das hatte alles nichts mit mir zu tun. Die Musik war aber formell so gut ausgearbeitet, dass ich den zeitlichen Freiraum erkannte, der mir durch die Vorarbeit geschenkt wurde. Es fehlte nur das Samenkorn, das die Vorlage mit meiner Fantasie verband.

Da jede Veröffentlichung ein Cover braucht, kam mir die Idee mit dem Coverfoto zu beginnen. Als ich das erste Foto gefunden hatte, war mit klar, dass das der Schlüssel zur ganzen Serie war. Ich spürte die Resonanz der dargestellten Szene mit meiner Seele - die Sehnsucht würde das Leitmotiv sein.

■■

MUSIK HÖREN - BEZUGSQUELLEN

Dank der digitalen Musikverbreitung sind die Möglichkeiten, die Musik von mir zu hören, zahlreich. Sie ist auf mehr als 50 Musikservices verfügbar, u.a. Spotify, Apple Music, Amazon Music, u.v.a.

Exklusiv für dieses Projekt gibt es eine Webseite, auf der alle Bilder/Cover zu sehen sind und jedes Lied kostenlos in voller Länge zu hören ist:

https://horstgrabosch.de/lust

Der Inhalt ist exklusiv für Leser dieses Buches zusammengestellt. Das Passwort lautet: *grottenolm*

Ich arbeitete bis 2021 unter verschiedenen Künstlerb.z.w. Projektnamen, aber mittlerweile sind alle Titel auch unter meinem bürgerlichen Namen zu finden.

■■

EKLEKTISCHE ELEKTRONISCHE MUSIK

Im Alter von 40 Jahren endete meine erste Karriere als Musiker. Im Alter von 63 Jahren beendete ich die lange Pause. Das Musikgeschäft hatte einen großen Wandel vollzogen. Zwischen meiner ersten Vinyl-Schallplatte und der letzten CD lagen bereits viele Jahre der Entwicklung. Die Digitalisierung mischte dann noch einmal alles gewaltig auf.

Was die Produktionsmöglichkeiten betrifft, so spielte mir diese Entwicklung in die Hände. Ich war in meinem zweiten Beruf Informationstechnologe und daher mit Computern bestens vertraut. Bereits in meiner ersten Karriere träumte ich von diesen Produktionsmöglichkeiten. Jetzt waren sie da!

In meiner ersten Karriere war ich zu 90 % ausführender Musiker, und meine Kreativität blieb durch die Notwendigkeit des Broterwerbs allein zeitlich schon auf der Strecke. In einer Rückschau, die ich in dem

Roman „Der Seele auf der Spur" festgehalten habe, kann ich heute sogar sagen, dass mein Kontakt zur Seele dabei auf der Strecke geblieben ist.

Mit den neuen Möglichkeiten der Musikproduktion konnte ich endlich problemlos kreativ sein und sogar problemlos veröffentlichen. Natürlich gilt das auch für alle anderen Kreativen, was das Angebot enorm aufblähte und den Markt fast undurchdringlich machte. Nach einiger Zeit begriff ich jedoch, dass der Wettbewerbsgedanke im heutigen Musikmarkt zurücktreten muss, um nicht wieder die Zeit für Kreativität zu verplempern.

Dennoch ist es unumgänglich, etwas Zeit für die eigene Vermarktung zu opfern, damit die Werke überhaupt ein Publikum erreichen. Zu den Aufgaben gehört das Studium der aktuellen Praxis von Spotify & Co. das gewaltige Angebot irgendwie zu kategorisieren, damit die Kunden sich nicht vollständig verirren. Und das geschieht mit der Hilfe von Musikgenres.

Natürlich wächst die Anzahl der Genres mit dem Gesamtangebot und die Definition der Genres wird immer problematischer. In welches Genre gehören nun meine Musikstücke? Mittlerweile habe ich für jedes Stück zumindest ansatzweise ein halbwegs passendes Genre gefunden. Aber jedes dieser Genres hat seinen eigenen Mainstream[45], und da passte ich nirgendwo so richtig rein. Ein klarer Wettbewerbsnachteil - aber ich wollte ja nicht mehr in Dimensionen von Wettbewerb denken, um meine künstlerische Freiheit zu behalten. Also suchte ich nach der verbindenden Klammer. Da ich alles elektronisch produziere, war klar, dass es sich um elektronische Musik handelte. Das Genre „Elektronische Musik" ist allerdings bereits seit den 50er-Jahren etabliert. Diese Musik hatte aber stilistisch nichts mit der elektronischen Popmusik zu tun, die sich in den 80er-Jahren entwickelte.

Es gibt also zwei Bedeutungsebenen des Begriffes „Elektronische Musik". Einmal die Art der Produktion und zum anderen eine stilistische Einordnung. Natürlich kann das so nicht stehen bleiben, und es wird sich diesbezüglich noch einiges tun. Ich habe mich in einem Artikel mit dem Titel „Elektronische Musik ist kein Stil" positioniert. Die Art der Produktion scheint mir die klarere Deutungsvariante zu sein.

Diese Produktionsart impliziert auch noch einige stilistische Konsequenzen. Während von Musikern gespielte Musik immer an die stilistischen Fähigkeiten der Musiker gebunden ist, kann die elektronische Musikproduktion auf ein gewaltiges Arsenal von vorproduzierten und digitalisierten Klängen und Musikschnipseln zurückgreifen. Das hat eine gewaltige Sprengkraft in Bezug auf stilistische Abgrenzung.

Viele Produzenten elektronischer Musik greifen aus vielfältigen Gründen gern auf Archive zurück, die einem heute geläufigen Mainstream entsprechen. Der kreative Geist versucht dagegen alle Möglichkeiten auszuloten. Für ihn ist die dargebotene Vielfalt geradezu ein Paradies.

Die Techniken und Methoden, die sich unterschiedlicher Systeme (Stile, Disziplinen, Philosophien) bedienen und deren Elemente neu zusammensetzen, nennt man „Eklektik". Bekannter ist sicherlich der Begriff „Eklektizismus", der oft synonym gebraucht wird, aber für mich zu viel Ideologie und Epoche statt Methodik suggeriert. Zudem ist diese Bezeichnung sehr eng mit einem Architekturstil des 19. Jahrhunderts verbunden. Aus dieser Zeit gibt es aber bereits eine Deutung des englischen Architekten George Gilbert Scott, der ein allgemeines Prinzip erkannte: „Die Eklektik an sich ist ein gutes Prinzip, das heißt von der Kunst aller Arten die Elemente zu borgen, mit denen wir den Stil, den wir laut unserem Plan als unsere Basis und unseren Kern ausgemacht haben, bereichern und perfektionieren können." Besonders lobenswert finde ich Scott's Ansatz, die Künstlerpersönlichkeit in den Mittelpunkt der Betrachtung zu stellen (mein Plan, meine Basis, mein Kern).

Aus dieser klugen Sichtweise habe ich ein Genre für meine Musik entwickelt, das sich "Eclectic Electronic Music" nennt. Ich habe bereits etliche Musikproduzenten gefunden, deren Musik einem solchen Ansatz folgt.

■■

MUSIK UND BEGRIFFLICHKEIT

In der Reihenfolge des Erscheinens im Buch

Popmusik und Wandel

Einige Bemerkungen vorweg. Sprache ist weit weg von der Genauigkeit der Mathematik, was in den Geisteswissenschaften (besonders der Philosophie) problematisch ist. Wer einmal versucht hat, den „Tractatus logico-philosophicus" des Philosophen Wittgenstein zu lesen, wird wissen, wovon ich rede. Die Musikwissenschaft leidet ebenfalls unter diesem Umstand. Der physikalische Bereich der Akustik ist da eine Ausnahme. Wenn es jedoch in die Musikgeschichte und die Interpretation geht, wird es gelegentlich vogelwild. In diesem Buch wird „Popmusik" beschrieben, und damit sind wir mitten im ersten großen Dilemma.

Wenn ich nur meine eigene Lebenszeit betrachte, so begann das Problem mit meinem Eintritt in die GEMA (70er-Jahre), der deutschen Komponistenvertretung. Damals wurden dort zwei Kategorien von Musik unterschieden: E-Musik (ernste Musik) und U-Musik (Unterhaltungsmusik). Im Nachhall der Kolonialzeit wurde eine Wertigkeit zementiert, die Ähnlichkeit mit den Denkmustern der europäischen Kolonialmächte hatte - zivilisierte Welt gegenüber „Wilden".

Leider ist dieses Denkmuster immer noch in vielen Köpfen beheimatet. Der Begriff „Popmusik" etablierte sich irgendwann umgangssprachlich für jede Musik, die einerseits keine klassische Musik war, und andererseits einen gewissen Anspruch auf geistige Vertretung einer jungen, kritischen Generation hatte. Man könnte es als anspruchsvolle Musik jenseits der „Klassik„ oder dessen Nachfolger „Neue Musik" bezeichnen. Wir reden hier von Ansprüchen, die über die reine Unterhaltung hinausgingen (Politik, Soziales, Selbstwert etc.).

Vielleicht hast du schon bemerkt, dass ich viele Gänsefüßchen brauche, um mich dem begrifflichen Dilemma (Mehrdeutigkeit) zu entziehen. In der heutigen Musikszene ist „Pop" allerdings ein Genre unter vielen anderen, wie Rock, Funk, Disco oder Heavy Metal. Diese Liste könnte ich buchfüllend fortsetzen. Natürlich haben diese Genre-Definitionen längst jeden Kontakt zum Laienpublikum verloren.

Das ist ein Zeichen dafür, dass wir uns in einem heftigen Wandel befinden, der mit dem Zeitalter der Digitalisierung eingesetzt hat. Mittlerweile gibt es zu diesem Thema viele Bücher, und wir müssen uns in diesem Rahmen auf diesen Hinweis beschränken. Ein heftiger Wandel führt allerdings zu dem Problem, dass man den Status quo nur noch mit großer Unschärfe beschreiben kann. Von daher versuche ich die folgenden Beschreibungen für Laien verständlich und kurz zu halten, und verweise gern auf „Wikipedia" als Quelle weiterer Nachforschungen. Das eine oder andere mag auch sehr subjektiv daher kommen, aber das ist durchaus gewollt.

Der Titel des Buches und des Musikalbums ist genau so provokativ unscharf wie viele der hier besprochenen Begriffe. Vielleicht bekommst du ja Lust, einigen sprachlichen Stolperfallen auf den Grund zu gehen und gewinnst dabei mehr Lebenslust, indem du mehr auf das Wesen der Dinge achtest, statt dich mit Begrifflichkeiten herumzuschlagen.

Im Idealfall ist dieses Buch nach der Lektüre nur noch eine Art Türöffner, der dich für das Wesen der Musik empfindsamer gemacht hat. Zu diesem Wesen gehört die Tatsache, dass ein Lied sich mit deiner Stimmung, oder Geisteshaltung wandeln kann. Daher wünsche ich viel Lust auf ein Wiederhören.

■■

1 - Executive Music Producer

Ein Musikproduzent ist für die Realisierung eines Musikwerkes bis zur Veröffentlichung zuständig. Dabei gibt es zwei Aufgabenfelder. Die Organisation der Produktion (Auswahl des Studios, Auswahl des Tontechnikers, Finanzen etc.). Der Executive Producer ist für die musikalischen Belange zuständig. Er ist bei der Aufnahme dabei, greift in das Arrangement ein, macht Vorschläge zu stilistischen Dingen etc.). In der heutigen Praxis der Popmusik-Produktion übernimmt er oft alle Aufgaben der ausführenden Arbeiten bis zum fertigen Produkt. In der elektronischen Popmusik sind die Produktionen oft das Werk eines einzelnen Produzenten - inklusive Komposition.

2 - Coverband

Hochzeiten und andere Familien- oder Firmenfeiern haben den Anspruch, die heterogene Gesellschaft mit vielfältiger Musik zu unterhalten. Im Mittelpunkt dieses Anspruchs stehen dabei Hits aus mehreren Jahrzehnten, die dem Publikum vertraut sind. Eine Coverband spielt also nicht selbst produzierte Musiktitel, sondern bereits bekannte Hits von Stars nach.

Einige Coverbands reduzieren sich auf die Songs einer einzigen Band, die eine große Fangemeinde hat. Dieses Publikum möchte die Musik noch einmal in einer Bühnenshow hören, was aufgrund von Tod, Bandauflösung oder anderen Gründen nicht mit der Originalbesetzung möglich ist.

3 - Playback

Eine Musikshow auf die Bühne zu bringen ist aufwendig und teuer. Oft können diese Kosten nicht wieder eingespielt werden. Dafür werden Playbacks produziert. Es sind Tonspuren, die nur die Begleitinstrumente beinhalten. Der Solist ist ausgespart und singt/spielt dann live auf der Bühne dazu. Bei TV-Sendungen oder großen Veranstaltungen mit mehreren Künstlern ist selbst das zu aufwendig und die Künstler mimen nur einen Live-Beitrag. Das nennt man dann Voll-Playback.

4 - Musikgenre

Die Bedeutung von Musikgenres hat sich in den letzten Jahren enorm entwickelt. Noch vor 70 Jahren unterschied man grob nur die klassische Musik (Bach, Mozart, Beethoven etc.) und die populäre Musik (Jazz, Schlager, Rock etc.). Ersteres wurde als „Ernste Musik", Zweiteres als „Unterhaltungsmusik" klassifiziert. Der Anteil der populären Musik am Markt wuchs dann gewaltig an, und mit der riesigen Menge an Hörern wuchs das Bedürfnis der feineren Klassifizierung. Mit dem Einzug der elektronischen Klangerzeugung in die Popmusik schoss dann diese Klassifizierung ins Kraut.

Heute wissen fast nur noch eingefleischte Fans, was ihr Lieblingsgenre ist, und an welchen Merkmalen sie dieses Genre erkennen können. Da Hörer keine Musikwissenschaftler sind, versuchen Musikvermarkter möglichst den kleinsten gemeinsamen Nenner eines

Genres zu treffen. Das führt zu einer immer größeren Schematisierung des jeweiligen Genres.

Eine entsprechende Gegenbewegung ist nur eine Frage der Zeit, und viele Künstler haben sich bereits auf den Weg gemacht, die aktuellen Kategorien zu sprengen. Die Streaming-Plattformen (Spotify, Apple Music, Amazon etc.) haben bereits auf diese Entwicklung reagiert und bieten sogenannte „Mood-Playlists" zur Orientierung an (Beruhigung, Meditation, Tanz, beiläufige Unterhaltung, Musik für bestimmte Zwecke wie Training oder Ähnliches).

5 - House

House ist eines der jüngeren Musikgenres, das eng mit der elektronischen Popmusik verknüpft ist. Besonders die maschinengesteuerten Live-Aufführungen durch DJs machten einen rhythmischen Stil nötig, der flexible Überblendungen von verschiedenen Titeln erleichterte. Während ein DJ (Disc Jockey) ursprünglich lediglich fertige Produktionen in seiner persönlichen Auswahl nacheinander abspielte, entwickelte sich der Typ des kreativen DJ, der die Titel zu einem langen Set verknüpfte.

Nach und nach wurde das dann auch die Aufführungspraxis von Künstlern/Produzenten, die ihre eigenen Werke konzertant oder zum Tanzen vorstellten. Da sich diese Kunst der Aufführung erst allmählich zum musikalischen Handwerk entwickelte, war ein durchgehender Rhythmus in den Anfangstagen eine extreme Erleichterung. Daher ist die durchgehende Basstrommel auf den ganzen Zählzeiten eines Taktes ein Erkennungsmerkmal des in den 80er-Jahren aufkommenden House. Natürlich verschwammen die deutlich erkennbaren Stilmittel des House mit den Jahren und erzeugten eine Vielzahl weiterer Genres (Techno, Trance etc.).

Selbst für den Fachmann ist die stilistische Herkunft eines Musikwerkes im House oft nur noch schwer zu erkennen. Glücklicherweise weiß ich, dass mein Sohn sich zur Zeit der Entstehung der hier besprochenen Lieder auf House berief, und ich kann es auch noch selbst identifizieren. Durch meine Bearbeitung ist die stilistische Herkunft der Lieder noch weniger offensichtlich geworden (siehe Kapitel: „Eklektische Elektronische Musik"). Daher berufe ich mich auf den wahren Ursprung - und der ist House.

6 - Kick Drum (oft nur „Kick" genannt)

Was ursprünglich einmal lediglich die Basstrommel eines Schlagzeugs war, entwickelte sich in der elektronischen Musikproduktion zu einem stilbildenden Element. Produzenten und Tontechniker widmeten den Klang einer jetzt „Kick" genannten Basstrommel viel Aufmerksamkeit. Die Kick wurde zum wichtigsten Klangelement in den tiefen Frequenzen und ersetzte sogar manchmal den Bass, da beide den gleichen Frequenzbereich ansteuerten. Besonders in der Aufführungspraxis von DJs spielte die Kick lange eine große Rolle. In der progressiven Szene werden mittlerweile in der rhythmischen Funktion Klangelemente benutzt, die gar nichts mehr mit dem Ursprung der Basstrommel zu tun haben. Das öffnete den Frequenzbereich wieder für den Bass, der sich mit mächtigen elektronischen Klängen auch immer mehr von seinem Ursprung als Saiteninstrument entfernt.

7 - Lied/Song

Auf Anhieb scheinen diese Begriffe keine Anmerkung zu benötigen, aber die Sache ist komplizierter, als man denken mag. Das „Lied" ist in der Klassik eine explizite Musikform, die eine Abgrenzung zu den Großformen (Oper, Symphonie etc.) darstellt. Auch in Opern kommen Lieder vor, aber dort heißen sie „Arien". Da in der Popmusik die Anglo-Amerikanische Vorherrschaft deutlich ihre Spuren hinterlässt, spricht man gemeinhin in der Popmusik von einem „Song". Wer allerdings - wie ich - Wert darauf legt, sorgfältig mit Sprache umzugehen, der kann mehreren Dilemmas kaum entkommen.

Sowohl das deutsche „Lied" als auch das englische „Song" suggerieren immer Gesang. Was aber sind „Lieder ohne Worte" (siehe Felix Mendelssohn Bartholdy)? Sie haben die klassische Form eines Liedes, aber ohne Gesang und beziehen sich damit auf die klassische Deutung von „Lied". Auch „Song" wird im Zusammenhang mit wortlosen Kompositionen gebraucht. In der Popmusik sind damit allgemein Kleinformen in der üblichen Länge eines Liedes genannt. Da aber Künstler keine Vasallen von Musikwissenschaftlern sind, mischen sie manchmal alles so kräftig durch, dass die Kategorisierer mächtig ins Schleudern kommen.

Die elektronische Musikproduktion hat dieses Dilemma noch verschärft. Dort ist auch der Begriff „Track" für ein liedähnliches Musikstück gebräuchlich. Allerdings ist das verwirrend, da „Track" Spur heißt, und technisch eine von vielen Spuren einer Mehrspuraufnahme ist - vergleichbar mit den Instrumentengruppen eines Orchesters. Letztlich kann ich diese Dilemmas nicht auflösen und habe mich für die deutsche Bezeichnung „Lied" für die einzelnen Songs/ Tracks/Wasauchimmer entschieden. Wenn ich einem musikalisch unbedarften Freund etwas vorspiele, sagt der gemeinhin: „Das ist aber ein schönes Lied". So soll es denn sein.

8 - Akkord/Melodie

Auch diese beiden Begriffe scheinen nicht einer Anmerkung zu bedürfen, aber es gibt einige für Laien bemerkenswerten Details dazu. Grundsätzlich ist ein Akkord eine vertikale Anordnung von Tönen, also mehrere gleichzeitig erklingende Töne. Zuständig dafür sind traditionell Instrumente, bei denen der Spieler auch mehrere Töne gleichzeitig spielen kann, also zum Beispiel ein Klavier oder eine Gitarre. Allerdings können auch mehrere Melodieinstrumente, wie beispielsweise Blasinstrumente oder mehrere Sänger einen Akkord erklingen lassen. Die Abgrenzung zur Melodie ist fließend. Eine Melodie, wie sie der Laie meist identifizieren kann, ist eine horizontale, meist nachsingbare und längere Ausdeutung der zugrunde liegenden Akkorde. Das trifft allerdings nur für tonale Musik zu, die auf den Gesetzen der klassischen Harmonielehre basiert.

Nicht jedes Musikstück ist nach diesen Gesetzen gestaltet, aber für gängige Popmusik trifft das in der Regel zu. Sowohl schöne Melodien als auch auffällige Motive (in der Popmusik „Hooks" genannt) sind die wichtigsten Hit-Faktoren. Akkordstrukturen sind für viele Laien dagegen schwerer nachzuvollziehen.

9 - Ostinato

Ein Ostinato ist ein sich stetig wiederholendes musikalisches Element. Das können Rhythmen, Akkorde oder Motive sein. In den hier besprochenen Liedern sind es oft Motive oder Akkorde. Wiederholungen von Refrains oder Strophen gehören nicht zu den Ostinati, sondern sind Teile eines Liedes.

10 - Groove

Groove ist ein englisches Wort (Rille, Furche), das im Zusammenhang mit Musik umgangssprachlichen Charakter hat. Musiker bezeichnen damit eine gelungene, meist rhythmische Verzahnung von Elementen einer Musikdarbietung. Ob etwas „groovt" oder nicht, hat viel mit der Erwartung des Hörers zu tun.

Auch ein einzelner Musiker kann „grooven", aber ich gebrauche es hier als Merkmal eines Momentes, in dem die gesamte Rhythmusstruktur eines Liedes offensichtlich wird. In Einleitungen werden oft nur rhythmische Einzelelemente verwendet, die noch nicht alle Rhythmuselemente des Liedes beinhalten. Man könnte sagen, dass der „Groove" beginnt, wenn Körper und Geist des Hörers rhythmisch resonieren.

11 - Percussion

Die gesamte Familie der Instrumente, bei denen der Ton durch Anschlagen eines Materials erzeugt wird, nennt man Schlagwerk. Für viele Laien erstaunlich, gehört auch beispielsweise das Klavier dazu.

In der Unterhaltungsmusik hat sich eine Kombination von Schlagwerk als Basis durchgesetzt, die von einem einzigen Spieler bedient wird - das Schlagzeug (englisch „Drums" oder auch "Drumset"). Natürlich ist damit die Verwendung anderer Schlaginstrumente nicht ausgeschlossen, und alles andere neben dem Schlagzeug wird meist von einem zusätzlichen Spieler bedient.

Als zusammenfassender Begriff dieses Sammelsuriums von zusätzlichem Schlagwerk in der Unterhaltungsmusik hat sich „Percussion" (im deutschen „Perkussion" geschrieben, aus dem Lateinischen „percussio" = Schlagen, Takt) durchgesetzt. Die kulturelle Herkunft verschiedener Perkussionsinstrumente kann in einem universalen Popstil als Assoziation zu einer bestimmten Kultur genutzt werden.

12 - Tabla

Tabla ist eine Trommel mit indischer Herkunft. Sie wird paarweise in zwei unterschiedlichen Tonhöhen gespielt.

Die Tabla ist in der Popmusik als Klangfarbe innerhalb des Schlagwerkes sehr beliebt und ruft daher eine starke Assoziation zu Indien hervor, obwohl sich die traditionelle Verbreitung auch auf Pakistan, Bangladesch und Afghanistan erstreckt.

13 - Intonation

Intonation ist mehrdeutig, wird aber unter Musikern als Verhältnis der Schwingung des erklingenden Tons zu seinem rechnerischen Ideal in der temperierten Stimmung gebraucht. Die temperierte Stimmung ist zwar aus den natürlichen Obertönen eines Klangereignisses abgeleitet, aber zur Vereinfachung des Zusammenklanges von mehreren analogen Instrumenten (Hörner, Streichinstrumente etc.) ein künstliches mathematisches Konstrukt.

Man spricht von einer „sauberen Intonation", wenn der erklingende Ton möglichst Nahe an das mathematische Ideal herankommt. Hörer von Kulturkreisen, die temperierte Stimmung (ab Johann Sebastian Bach) gewöhnt sind, empfinden eine „unsaubere Intonation" als „schräg" oder „schief".

14 -EWI

EWI ist eine Abkürzung für „Electronic Wind Instrument". Während die elektronische Musik der 50er-Jahre noch mit Geräten realisiert wurde, die nicht im Geringsten an Musikinstrumente erinnerten, setzten sich später Keyboards (Tasteninstrumente), also Klaviaturen als Spielgerät durch. Das verschaffte allen Pianisten den Vorteil, dass sie bereits die Spieltechnik für die Produktion elektronischer Musik beherrschten.

Aber auch geübte Bläser hatten den Wunsch, das Klangspektrum elektronisch zu erweitern. Allerdings ist es eine große technische Herausforderung, ein Atemsignal in elektronische Befehle umzuwandeln. Interessanterweise nannte man die ersten Versuchsgeräte auch „Blaswandler".

Als erster Firma gelang es AKAI ein massentaugliches Instrument dieser Art zu entwickeln und sie nannten es „EWI". Nach dem EWI gab es noch etliche weitere Entwicklungen des Blaswandlers, doch die Probleme eines analogen Bläsers sich mit der Bedienung vertraut zu machen, blieben bestehen.

Mittlerweile entwickelt sich die Aufführungspraxis für elektronische Musik rasant. Wir stehen erst am Anfang einer Revolution der Bühnenpräsentation von elektronischer Musik, die bereits die modernen DJs eingeläutet haben.

15 - Samples

Samples sind gebräuchliche Bestandteile der elektronischen Musik. Es können einzelne Töne eines aufgenommenen analogen Musikinstrumentes oder auch längere Passagen von Aufnahmen sein. Diese Samples können dann in einer Produktion eingesetzt werden.

Sie können mit einem elektronischen Instrument gespielt (Einzeltöne) oder in eine Tonspur eingesetzt werden (längere Samples). Im Unterschied zum Einsatz von Samples wird bei MIDI-Events (MIDI=Musical Instrument Digital Interface) durch das elektronische Instrument ein Tongenerator angesprochen, der dann die rein digitalen Signale in elektronische Klänge umsetzt. Besonders der Einsatz längerer Samples ist aus künstlerischer Sicht umstritten, weil die aufgenommenen Musiker und Sample-Produzenten bereits eine künstlerische Vorarbeit geleistet haben.

In meinen Augen ist diese Kritik kleinkariert und berücksichtigt nicht die Tragweite der Revolution, die moderne elektronische Musikproduktion ausgelöst hat. Die Revolution beschränkt sich nicht auf einen neuen Klangraum, der geöffnet wurde, oder gar eine Art Musikstil. Es ist eine ganz neue musikalische Kunstform, die auch Einfluss auf den Aspekt der Wertigkeit von Musik hat. Elektronische Musikproduktion ermöglicht erstmalig in der Geschichte einem Musik-Künstler sein Werk vollkommen selbstständig zu produzieren, wie es beispielsweise ein Maler tut. Ein Maler benutzt vorproduzierte Farben, und ein elektronischer Musikproduzent benutzt vorproduzierte Klänge. Sowohl Maler als auch elektronischem Künstler steht es frei, selbst seine Farben oder Klänge anzumischen, ohne dass es Einfluss auf die Wertigkeit des Endproduktes hat.

16 - Beat

Ein Beat (Schlag) ist im musikalischen Kontext genauso mehrdeutig wie andere hier besprochene Begriffe. Als die Beatles populär wurden, bezeichnete man Stil der Band, der sich aus dem Rock'n Roll entwickelt hatte, „Beatmusik".

Das Tempo einer Musikpassage oder eines ganzen Musikstückes wird in Schlägen pro Minute gemessen (bpm=beats per minute). Die genaue Tempofestlegung eines Musikstückes setzte sich erst mit dem Einzug von Drumcomputern durch. In der Klassik oder auch im Jazz sind die Tempoangaben eher vage und die Interpretation ist dem Dirigenten oder Solisten überlassen. Wie schon das Maß bpm sagt, sind die Beats also Schläge, die die Zeit unterteilen.

Diese Schläge werden in der Popmusik bevorzugt von der Basstrommel (Kick) gespielt, und zwar im einfachsten Fall nicht auf jeder Zählzeit, sondern auf jedem ersten Beat eines Taktes. Der Takt ist die nächst größere Einheit des Tempos und kann vielfältige Erscheinungsformen haben. In der Popmusik ist es meist eine Zusammenfassung von vier Beats. Das ist dann ein Viervierteltakt, weil eine sogenannte Viertelnote einem Beat entspricht.

Es gibt aber auch Zweivierteltakte oder Sechsvierteltakte etc., die durch unterschiedliche Betonungen der jeweiligen Beats ihren Charakter entfalten. Daraus ergibt sich, dass erst nach einigen hörbaren Beats die gesamte rhythmische Struktur erkennbar wird. Ich benutze hier Beat als ein Synonym für diese erkennbare rhythmische Struktur.

17 - Solo

Du ahnst es vielleicht schon - mehrdeutig. Solo (Italienisch - allein) kann ein Musikstück oder eine Musikpassage innerhalb eines Musikstücks sein, das nur von einem Spieler interpretiert wird. Es kann aber auch eine Passage sein, bei der ein einziger Musiker hervorgehoben wird. Im Jazz und später auch im Rock und folgenden Stilen hat sich der Begriff „Solo" für Improvisationen einzelner Musiker etabliert, die dort ihre ganze musikalische Fantasie und Virtuosität zeigten.

18 - Son

Son ist eine Kurzform des Musikstils Son Cubano, der Mitte des 19. Jahrhunderts entstand. Son entwickelte sich aus spanischen Tanzstilen. Charakteristisch ist das Wechselspiel von Frauenstimme und Männerstimme, die alltägliche Szenen besingen. Die letzte Entwicklungsstufe des Son dürfte den meisten als Projekt „Buena Vista Social Club" bekannt sein. Das

Projekt wurde von Ry Cooder initiiert und von Wim Wenders verfilmt.

19 - Rubén González Fontanills

Rubén González Fontanills ist Pianist beim Projekt „Buena Vista Social Club", war aber bereits vorher eine musikalische Legende in Havanna, wo er 2003 im Alter von 84 Jahren starb.

20 - Timbre

Timbre ist ein Synonym für Klangfarbe und wird hauptsächlich im Zusammenhang mit Singstimmen benutzt. Es unterscheidet sich von den Stimmlagen (Sopran, Alt, Tenor, Bariton, Bass), da es mehr akustische Parameter als den Tonumfang berücksichtigt. Obwohl diese Parameter in der Akustik exakt definiert sind, machen nur die dafür benutzten Adjektive aus dem normalen Sprachgebrauch für Laien Sinn. Hier eine kleine Auswahl: warm - kühl - hell - dunkel - nasal - metallisch - rauchig.

21 - Barden

Barden sind ursprünglich Dichter und Sänger aus dem keltischen Kulturkreis. Die Comicfigur Troubadix aus den französischen Asterix-Comics von René Goscinny und Albert Uderzo ist eine karikierte Verkörperung des historischen keltischen Barden. Ich benutze den Begriff gern für Sänger, die ihre eigenen Texte und eigene Kompositionen interpretieren. In Deutschland wurden diese Musiker in den 70er-Jahren auch „Liedermacher" genannt. Mein Barde ist ein Liedermacher, der sich vom Ballast des musikalischen Stils befreit hat.

22 - Congas und Bongos

Mit den Trommelarten Congas und Bongos, die zu den Percussion-Instrumenten gehören, wird latein-amerikanische Musik assoziiert. Sie werden jeweils paarweise gespielt und haben afrikanische Wurzeln. Die größeren Congas klingen tiefer und dunkler und stehen auf dem Boden, während die Bongos ur-sprünglich auf dem Schoß gehalten wurden. In der heutigen Aufführungspraxis sind sie aber meistens auf einem Ständer montiert. Die Bongos haben eine gewisse Ähnlichkeit mit den indischen Tablas, haben sich als moderne Varianten aber weiter von ihrem Ursprung entfernt als die Tablas.

23 - Arpeggio

Abgeleitet vom Italienischen „arpa" (Harfe), bezeich-net der Begriff die horizontale Ausführung eines Ak-kordes. Die schnell hintereinander gespielten Einzel-töne sind prädestiniert für die Ausführung auf der Harfe - daher der Name. Während die Ausführung auf anderen analogen Instrumenten einer gewissen Virtuosität bedurfte, stellen Arpeggios in der elektro-nischen Musik kein Ausführungsproblem dar. Die Er-zeugung ist durch einen sogenannten Arpeggiator automatisiert. Da der Effekt vielfältig und wirkungs-voll einsetzbar ist, erfreut er sich großer Beliebtheit bei den Produzenten elektronischer Musik.

24 -Mariachi

Ist die Bezeichnung für eine typische mexikanische Musikformation. Eigentlich ist es kein Musikstil, aber in der üblichen Form der populären Vereinfachung wird alles, was so klingt, wie man es aus Filmsequenzen kennt, die in Mexiko spielen, Mariachi-Musik genannt.

Natürlich gehören die überdimensionalen Sombreros zu diesem faden Abklatsch einer ehemaligen mexikanischen Volksmusik, die weitaus vielfältiger ist, als das immaterielle Kulturerbe der UNESCO im Sinn hatte. Besonders die mit scharfem Klang gespielten Trompeten (siehe Timbre) haben sich beim Laien als Trigger zur Assoziation von mexikanischer Musik eingeprägt.

25 - Volle Zählzeiten (Tempo, Rhythmus)

Musik gilt als eines der abstraktesten Kunstarten. Das hat auch damit zu tun, dass die für uns gefühlt fließende Zeit wie bei einer tickenden Uhr in spürbare Teile zerlegt wird. Während eine tickende Uhr die Zeit analog zur Umrundung der Erde um die Sonne in festgelegte Stunden und Sekunden zerlegt, ist die Zerlegung in der Musik beliebig.

Berücksichtigend, dass Musik für Menschen gemacht wird, ist der Rhythmus des Herzschlages dabei ein Orientierungspunkt. Ein menschliches Herz schlägt - je nach Anstrengung und Trainingszustand - etwa zwischen 45 und 180 Mal pro Minute. Das ist auch der gebräuchliche Rahmen des Tempos in der Musik. Langsame Tempi stehen analog dazu für Ruhe (siehe Ruhepuls) und hohe Tempi für Erregung.

Es gibt allerdings auch Musikwerke, die keine Zeitzerlegung erkennen lassen oder extrem schnell sind (siehe Herzflimmern). Die vollen Zählzeiten sind die Schläge pro Minute wie beim Herzschlag. Sie werden in der Popmusik bevorzugt von einer Basstrommel (Kick) angezeigt. Eine Strukturebene höher ist der Takt ein musikalisches Zeitmaß. Es gibt bei der Uhrzeit kein vergleichbares Maß, denn nach der Stunde kommt der Tag, der eher dem ganzen Musikstück entspricht.

Ein Takt ist keine festliegende Größe. Die Taktart wird in einem mathematischen Bruch dargestellt. In einem 4/4-Takt werden beispielsweise 4 Schläge zusammengefasst. In diesem Takt entspricht jedem Schlag eine Viertelnote. Der Fantasie des musikalischen Schöpfers sind hinsichtlich der mathematischen Möglichkeiten prinzipiell keine Grenzen gesetzt. Allerdings ist nur eine überschaubare Menge an Taktarten gebräuchlich.

Im Gegensatz zur Uhrzeit oder dem Herzschlag wird in der Musik die Zeit noch weiter in kleinere Teile zerlegt. So hat beispielsweise eine 16tel-Note ein Viertel der Länge einer Viertelnote. Wir sind ja bei unseren hier besprochenen Musikstücken im Bereich von House-Musik. In diesem Zusammenhang ist ein typisches Element von House zu erwähnen. Es ist die gefühlte Beschleunigung durch Zerlegung der vollen Zählzeiten in immer kleinere Teile von Takt zu Takt. Allerdings ist es nur eine gefühlte Beschleunigung, denn das Tempo bleibt dabei exakt gleich. Diese kaskadenartige Beschleunigung wird meist vom Schlagzeug ausgeführt und endet oft in einem Drop (siehe 30)

26 - Unisono

Beim Unisono (italienisch „einstimmig") spielen mehrere Instrumente oder Sänger die gleiche Melodie. Genauer gesagt sind es mehrere Instrumente oder Sänger, die unerwartet das gleiche spielen, denn in einem Orchester oder Chor ist es bei Instrumentengruppen (Geigen, Bratschen, Celli, Bässe) der Normalfall.

Wenn 16 Geigen eine Stimme spielen ist das lediglich eine Klangerweiterung und hat keine funktionale Bedeutung. Wenn aber, wie in unserem Beispiel, mehrere Klarinetten das gleiche spielen, so ist das außergewöhnlich, weil jede Klarinette als sogenanntes Soloinstrument normalerweise eine eigene Stimme spielt. Wie du siehst, hat der Begriff unisono also seine Bedeutung aus der klassischen Musik übernommen. In der Popmusik ist ein Unisono-Effekt populär und auffällig, bei dem elektrische Gitarre und elektrischer Bass das gleiche spielen, was sie im Normalfall nicht tun.

27 - Syntheziser

Technisch gesehen ist jeder Synthesizer ein elektronischer Klangerzeuger. Dem Laien dürften die ersten Synthesizer, die auf Bühnen sichtbar wurden, als Instrumente der Firma „Moog" bekannt sein, die zuvor nie gehörte Klänge erzeugten. Im Aussehen erinnerten sie an elektrische Klaviere, die noch analoge Klangerzeuger elektrisch verstärkten (Metallplatten beim Fender Rhodes). Elektrische Gitarren funktionieren nach dem gleichen Prinzip.

In der experimentellen Popszene tauchten auch riesige Schaltpulte mit Dutzenden von Reglern auf. In der heutigen elektronischen Musikproduktion sind es hauptsächlich Computerprogramme. Deshalb haben moderne DJs auch fast immer Computer auf der Bühne. Die Bedienpulte sind dabei nur Interfaces für die Computer, die die eigentliche Arbeit der Klangerzeugung erledigen.

28 - Fender Rhodes

Die Firma „Fender" (1946 von dem Rundfunkelektriker Leo Fender gegründet) ist eines der bekanntesten Instrumentenhersteller in der Welt der Rockmusik. Leo Fender entwickelte die erste massentaugliche elektrische Gitarre. Mit dem elektrischen Klavier „Rhodes" erlöste er die Pianisten der Popmusik aus der Abhängigkeit von sperrigen Klavieren, die ohnehin noch verstärkt werden mussten. In den 70er-Jahren besaß fast jeder Pianist in der Unterhaltungsmusik ein „Rhodes". Der warme Klang mit dem glockenartigen Anschlag des „Rhodes" ist bis heute bei Musikproduzenten beliebt.

29 - Pizzicato

Pizzicato (Italienisch „gezwickt") heißt eine Spieltechnik, bei der die Saiten eines Streichinstrumentes (Geige, Bratsche, Cello, Kontrabass) nicht mit dem Bogen zum Schwingen angeregt, sondern mit dem Finger gezupft werden. Im Jazz ist das die gängige Methode Kontrabass zu spielen.

30 - Drop

Der Drop ist ein Spannungselement in der Musik. In der elektronischen Tanzmusik (EDM) ist er fast zu einem „Pflichtteil" geworden. Da die Basstrommel (Kick) durchgehend die Schläge der vollen Zählzeiten spielt, baut sich eine enorme Bewegungsenergie auf, die irgendwann unangenehm wird, wenn diese Penetranz nicht musikalisch in eine Art Trance umgewandelt wird. Im Drop stoppen meistens durchgehende Musikelemente für eine kurze Zeit, damit sich die Spannung neu aufbauen kann. Der Effekt des Spannungsabbaus kann aber auch durch einen deutlich spürbaren Wechsel in Instrumentation oder Lautstärke erzielt werden.

31 - Call and Response

Call and Response (Ruf und Antwort) ist ein musikalisches Stilmittel, das vielfältige Formen haben kann. Dieses Wechselspiel hat eine lange Tradition. Alle Varianten haben gemeinsam, dass auf den Vortrag eines musikalischen Ereignisses erkennbar von einem anderen Vortragenden reagiert wird. Es setzt also voraus, dass sich die Vortragenden (Sänger, Instrumentalisten oder auch nur Tonspuren) auseinander halten lassen.

In unserem Fall antworten Männerstimmen auf Frauenstimmen oder umgekehrt. Im Jazz sind solche „Spiele" zwischen zwei Solisten bekannt. In der klassischen Musik antwortet oft ein Chor auf einen Solisten. In Pop-Produktionen kann auch ein einziger Musiker sich selbst antworten, indem die Passagen im Stereobild nach rechts und links verteilt werden.

32 - Cembalo

Das Cembalo ist mit dem Klavier insofern verwandt, als es mit Tasten mehrstimmig gespielt wird und Saiten als Klangquelle dienen. Allerdings ist die Tonerzeugung und damit auch der Klang verschieden. Während beim Klavier (früher auch Hammerklavier als Abgrenzung zum Cembalo genannt) die Saiten mit kleinen Hämmern angeschlagen werden, zupfen sogenannte „Kiele" beim Cembalo die Saiten an. Der Ton des Cembalos klingt nasal.

33 - Hackbrett

Wie bei Cembalo und Klavier gibt es eine Verwandtschaft zwischen Hackbrett und Zither. Bei der Zither werden die Saiten wie beim Cembalo gezupft und beim Hackbrett durch Hämmerchen wie beim Klavier angeschlagen. Entsprechend ähnlich sind die klanglichen Unterschiede.

34 - Door Keeper

Der „Türsteher" ist eigentlich kein Fachbegriff der Musik. Türsteher kontrollieren auch den Einlass in Diskotheken oder Clubs, die ihr Publikum auswählen wollen. In der Kunstwelt kontrollieren die „Door Keeper" den Zugang von Künstlern zum Markt, also dem Publikum. Es ist eine Art Schutzmechanismus, um das Angebot künstlich zu beschränken.

Door Keeper treten in vielerlei Funktionen auf. Kuratoren, Journalisten, Labels und alle, die Einfluss auf die Verbreitung von Kunst in der Öffentlichkeit haben. In den meisten Fällen besteht die Abwehrfunktion in der Weigerung zur (für den Künstler) kostenlosen oder kostengünstigen Verbreitung. Wer selbst genug Geld für Werbemaßnahmen hat, kann diesen Mechanismus teilweise aushebeln. In der letzten Konsequenz ist es für eine dauerhafte Publikumsbindung allerdings nötig, irgendwann auch die Door Keeper zu überzeugen, denn die haben in den Augen des Publikums eine gewisse Deutungshoheit - oft zu Unrecht.

Es ist ein schwer zu definierendes Wechselspiel zu beobachten, das viel mit Psychologie zu tun hat. Niemand steht gern mit seiner Meinung allein. Hohe Verkaufszahlen, die natürlich immer von Werbung abhängig sind, können auch Door Keeper auf Dauer weich kochen, und sie stimmen in das Hohelied ein, ohne dass ihnen das Kunstwerk persönlich besonders gut gefällt.

Durch den Aufschwung der sozialen Medien gelingt es heute einigen Künstlern einen direkten Draht zu ihrem Publikum aufzubauen, aber natürlich sind die Door Keeper bereits aufgewacht und versuchen diese Lücke zu schließen.

35 - Metatitel - Metadaten

Der Begriff „Metadaten" kommt aus der digitalen Datenverarbeitung. Es hat viel mit der sprachlichen Unschärfe zu tun, die in diesem Buch schon thematisiert wurde. Die Informatik basiert auf der Darstellung von Informationen im digitalen Raum. Der digitale Raum besteh nur aus 1 und 0. In der Ausführung durch Schaltkreise (Computer) entspricht das „An/Aus".

Jeder Laie kann sich die Komplexität von Computern ausmalen, wenn er sich vorstellt, dass die Mona Lisa von da Vinci auf dem Monitor lediglich durch „An/Aus"-Signale dargestellt wird. Zu Zeiten der physischen Datenträger (Vinyl, CD, DVD) wurden die Verkaufszahlen und damit die Abrechnung für die Künstler an diesen festgemacht. Die Rundfunkstationen als einzige virtuelle Verbreitungsmedien verwiesen dann mit Abspiel-Listen auf diese Datenträger.

Mit dem digitalen Musikdienst Spotify (ab 2008 verfügbar) änderte sich diese Welt gewaltig. Jetzt wurden Datenbanken zur Informationsquelle für Abrechnungen. Dafür brauchte man Codes für jedes Musikereignis. Die Metadaten sind nichts anderes als Codes, also Kennungen. Da Musiker aber in der Regel keine Informatiker sind, und die Fehlerquelle bei einer eindeutigen Codierung durch den Künstler enorm hoch wäre, wurde eine Gruppe von sprachlichen Informationen festgelegt, die in ihrer Gesamtheit eine eindeutige Identifizierung eines Songs möglich machte.

Diese Gruppe von sprachlichen Informationen, verbundenen mit Zahlencodes, wie ISRC (International Standard Recording Code), sind die Metadaten eines Musikwerkes. Sie beinhalten neben dem Titel auch Angaben über Komponisten, Produzenten und Textern.

36 - Stream

Anfangs waren Computer und Netzwerke nicht in der Lage, große Dateien wie Bilder oder Audio und Video so schnell zu übertragen, dass eine flüssige Wiedergabe möglich war. Diese Dateien mussten erst vollständig auf den entfernten Computer des Nutzers geladen werden, bevor man sie abspielen konnte.

Mit der Zeit wuchs die Leistungsfähigkeit der Systeme, und ab einem bestimmten Zeitpunkt war es möglich, die Ladezeit vorher genau zu berechnen. Dann startete die Wiedergabe automatisch zu dem Zeitpunkt, an dem eine durchgehend flüssige Wiedergabe prognostiziert werden konnte. Das nennt man „Streaming". Das Abrufen eines Streams wird gezählt und für eventuelle Vergütungen der Urheber wird auch die Dauer des Streams gemessen. Da Nutzer oft nach wenigen Sekunden den Stream abbrechen, weil ihnen der Inhalt nicht gefällt, gibt es Zeitpunkte, ab denen ein Stream als abrechnungsrelevant gewertet wird. Bei Spotify sind das beispielsweise 30 Sekunden.

37 - Mischen und Mastern

Mischen und Mastern gehört zu den finalen Prozessen einer Musikproduktion vor der Veröffentlichung. Das war bereits bei der analogen Musikproduktion so. Die analoge Musikaufnahme wurde auf Mehrspur-Tonbandmaschinen gespeichert. Das Lautstärkeverhältnis zwischen den Spuren wurde vom Tontechniker nur annähernd eingestellt, da ja Menschen die Instrumente spielten, die im Spiel variierten.

Nachdem die Aufnahme musikalisch fehlerfrei war, musste die Mehrspuraufnahme auf eine Stereoband mit zwei Spuren reduziert werden. Dieser Kopierprozess durchlief ein Mischpult, an dem der Tontechniker das Lautstärkeverhältnis anpassen konnte und auch Klangeffekte mit den zu der jeweiligen Zeit verfügbaren analogen Geräten hinzufügen konnte. Im analogen Zeitalter war das aus Kostengründen oft bereits auch schon das Mastern. Das fertige Zweispurband, das dann ins Presswerk geschickt wurde, nannte man „Masterband".

Natürlich konnte man das Stereoband auch noch nachträglich von einem Master-Ingenieur bearbeiten lassen, der dann allerdings nur noch in den Gesamtklang eingreifen konnte und keinen Zugriff mehr auf die Einzelspuren (Instrumente) hatte. Der Master-Ingenieur berücksichtigte dabei besonders den Klang auf der stetig wachsenden Anzahl von Endgeräten (HiFi-Anlage, Autoradio, Küchenradio etc.). Bei aufwendigen Produktionen gab es dann vermehrt verschiedene Versionen von Masterbändern. Die bekannteste Version ist das „Radio-Edit", das speziell für die Rundfunkanstalten produziert wurde.

An diesen Grundsätzen hat sich in der digitalen Musikproduktion nichts Wesentliches verändert. Allerdings haben sich die Möglichkeiten so sehr erweitert, dass eine ganz neue Welt der Musikproduktion entstanden ist. Die früheren Studios waren vollgestopft mit riesigen Mischpulten und analoger Technik und durch die Tonbandtechnik war die Anzahl der Einzelspuren beschränkt. Zudem brauchte man für große Besetzungen sehr große Aufnahmeräume.

Ich produziere heute beispielsweise an einem handelsüblichen Computer an meinem Schreibtisch - vom Samenkorn der Idee bis zum fertigen digitalen Master. Früher habe ich als Trompeter einen Haufen Geld in Studios verdient, die für ARD, ZDF oder Schallplatten Musik aller Art produzierten. Alles Schnee von gestern.

38 - Frequenzen

Eine Frequenz ist ein Begriff aus Physik und Technik und ist ein Maß für die Geschwindigkeit von Wiederholungen. Für die Musik im Speziellen und die Akustik im Allgemeinen ist die Frequenz von Schwingungen maßgeblich, denn Töne sind Schwingungen.

Nehmen wir eine Gitarrensaite im Ruhezustand. Wenn es uns möglich wäre, sie durch Anzupfen aus dem Ruhezustand auszulenken, sodass sie danach genau innerhalb einer Sekunde in die andere Richtung und zurück in den Ruhezustand schwingt, erklänge ein kurzer Ton von 1 Hertz (Maß der Schwingung - Hz). Leider würden wir diesen Ton gar nicht hören, weil er außerhalb unseres Hörvermögens liegt, das erst bei 20 Hz beginnt. Die obere Grenze liegt bei 20.000 Hz. Die hohen Werte gelten allerdings nur für junge, gesunde und sehr empfindsame Menschen.

Das Maß Hertz bestimmt umgangssprachlich die Tonhöhe. Da kein Naturinstrument eine technische Sinusschwingung von exakt einem Ton erzeugen kann, sondern immer mehrere Töne gleichzeitig erklingen, ist der Grundton maßgeblich. Die gleichzeitig erklingenden Töne beginnen bei dem lautesten Grundton und bauen ein sogenanntes Obertonspektrum nach oben auf, das von Ton zu Ton immer (deutlich) leiser wird. Dadurch nehmen wir bewusst nur den Grundton wahr.

Ab ca. 40 Hz erreichen wir den Bassbereich. Darunter nehmen wir Frequenzen nur als „Klangfarbe" wahr. Allein gespielte Töne in dieser Region gleichen eher einem Knurren als einem musikalischen Ton. Wenn wir die Frequenzbereiche von Instrumenten und Stimmen als Striche übereinanderlegen, tummeln sich zwischen 200 und 300 Hz fast alle Stimmlagen in der Erreichbarkeit. Diese Region kann für Tontechniker zum Minenfeld werden, wenn viele tiefe Schlaginstrumente eingesetzt werden, die auch noch durch den Anschlag sehr präsent sind.

Erwähnenswert ist noch, dass wir über ca. 5000 Hz gar keine Töne mehr wahrnehmen, sondern nur noch Klangfarben - allerdings sehr prominent bis ca. 10000 Hz. Für viele alte Menschen ist da eh Schluss. Für das Mischen und Mastern bei der Musikproduktion spielen diese Kenntnisse eine große Rolle.

39 - Track

Eigentlich bezieht sich „Track" tontechnisch auf eine Aufnahmespur, wie sie in der analogen Musikproduktion beim Mehrspurtonband vorhanden war und auch in der digitalen Musikproduktion eine Tonspur von vielen innerhalb eines Musikstückes ist. Da aber rein technisch auch bereits auf zwei Spuren reduzierte Masterbänder neu kombiniert werden konnten, hat sich „Track" als allgemeine Einheit für einen musikalischen Zusammenhang durchgesetzt. Zumindest zeitlich ist ein Track prinzipiell immer vollständig. Es ist also ein eher technischer Begriff und kann ein Song eines Albums sein oder ein Playback, oder irgendwas in dieser Art. In unserem Fall sind die Basistracks als Playback für Gesang gedacht, könnten aber beispielsweise als beiläufige Musik während der Arbeit auch alleine stehen.

40 - Blechblasinstrumente

Blechblasinstrumente gehören zur Gruppe der Polsterpfeifen, was für Laien nicht sehr erhellend ist. Ich verlasse den Pfad der Musikwissenschaft und erkläre es anschaulich. Die Instrumente sind meistens aus Messingblech gefertigt - daher der Name. Aber das ist nicht zwingend so. Genauso wenig ist jedes Instrument aus Messingblech ein Blechblasinstrument. Ein Saxophon ist beispielsweise ein Holzblasinstrument.

Es kommt auf die Tonerzeugung am Mundstück an. Und da kommen die Polsterpfeifen ins Spiel. Es bedeutet, dass zwei Polster (Lippen) gegeneinander schwingen und damit die Luftsäule im Blasrohr zum Schwingen anregen. Beim Saxophon ist es das Bambusblatt, bei der Flöte, die auch ein Holzblasinstrument ist, wird der Luftstrom durch eine Spaltung des Luftstroms in Schwingung gebracht. Die bekanntesten Blechblasinstrumente sind Trompete, Posaune, Waldhorn und Tuba.

41 - Musiklabel

Jetzt einmal ganz einfach - früher Schallplattenfirma genannt und heute mangels Schallplatten Musiklabel. Es gibt nur noch drei große Konzerne, die Major-Labels genannt werden: Universal, Sony und Warner. Alles andere sind kleinere Labels oder Künstlerlabels, die vom Künstler selbst betrieben werden. Ein offizielles Musiklabel hat einen Labelcode. Mein Künstlerlabel „Entprima Publishing" hat den Code LC-29932.

42 - Leitmotiv

Das „Leitmotiv" ist in der Musik eine eher kurze Folge von Tönen, die sich in genau dieser Form oft wiederholen und charakteristisch für das ganze Musikstück sind, oder auf außermusikalische Zusammenhänge verweisen. In Opern werden gern Leitmotive mit Figuren verknüpft. Eines der berühmtesten Leitmotive ist der Anfang von Beethoven's 5. Sinfonie.

43 - Blues

Es gilt zunächst den Stil von der Form zu trennen. Der Stil ist zur vorletzten Jahrhundertwende in den U.S.A im afroamerikanischen Milieu (Sklaven) entstanden. Die Form ist eine immer ähnliche Abfolge von drei einfachen Akkorden in 12 oder 16 Takten. Der Blues ist die Mutter aller populären Musikstile und wird immer noch eifrig in Variationen aller Art zelebriert.

Die Akkorde entsprechen den Basisakkorden der klassischen Musik - Tonika, Subdominante, Dominante - die wiederum auf dem ersten natürlichen Oberton eines Grundtons basieren, der in der Tonika die Tonart bestimmt. Warum ist das erwähnenswert? Weil trotz aller Künstlichkeit (temperierte Stimmung etc.)

die Natur bei der Entwicklung der heute gängigen Musik hörbar Pate stand. Das könnte sich mit der elektronischen Musik durchaus ändern - genau so wie der Burj Khalifa (höchstes Gebäude der Welt) nicht mehr viel mit einer Höhle gemeinsam hat.

44 - Layer

Prinzipiell ist ein Layer (Ebene) in der Musik nichts Neues. Wenn verschiedene Naturinstrumente in immer der gleichen Kombination Melodien unisono spielen, könnte man auch von einem Layer sprechen. In der elektronischen Musik spricht man von einem Layer, wenn diese Instrumente (Klänge) fest verkoppelt sind und von einem einzigen Trigger (z.B. Taste eines Keyboards) gleichzeitig ausgelöst werden und dadurch einen einzigen neuen Gesamtklang erzeugen.

45 - Mainstream

Der Begriff wird für Vorlieben von Mehrheiten in vielerlei Hinsicht gebraucht. Da Mehrheiten Wahlen entscheiden oder Verkaufszahlen bestimmen, ist es ein Ziel von Politikern oder Unternehmen, diese Vorlieben zu treffen. Genauso verhält es sich auch im Musik-Business.

Allerdings ist zu beachten, dass Kunst noch eine andere Motivation als wirtschaftlichen Erfolg haben sollte - jedenfalls für den Künstler und den Kunstliebhaber. Für den Musikvermarkter eher weniger.

Für Künstler, die sich selbst vermarkten, ist das manchmal ein großes Problem. Schließlich fordert es einen gehörigen Zeitaufwand, um ein künstlerisches Profil zu entwickeln. Wer danach nicht im Mainstream schwimmen kann, findet sich oft in Armut wieder.

Da Kunst in einigen Gesellschaften aber als tragende Säule anerkannt wird, entsteht dort zu Recht der Anspruch auf Förderung, falls die Wirtschaftlichkeit nicht gegeben ist. Aber wer bestimmt, welche Kunst gefördert wird? In Krisenzeiten verschieben sich die Prioritäten dieser Gesellschaften zum Lebensnotwendigen und die Kunst wird vernachlässigt. Für viele Künstler erscheint der Mainstream dann wie ein Ungeheuer, das ihre Lebensgrundlage verschlingt.

Leider sind die staatlich finanzierten Sendeanstalten unter dem Konkurrenzdruck der privaten Sender zu Mainstream-Spreadern mutiert. Interessanterweise mehren sich zeitgleich auch die Korruptionsskandale in den Chefetagen der staatlich finanzierten Sender.

Das alles widerspricht dem Wesen der Demokratie, die Minderheiten schützen sollte. Es ist kein Wunder, wenn der Mainstream unter diesen Umständen bei vielen zum Feindbild wird (siehe Querdenker-Bewegung). Allerdings ist dieser Umstand wiederum nicht mit der Idee der Demokratie vereinbar, die nun einmal auf Mehrheiten basiert, ohne Minderheiten auszugrenzen.

In der Kunst gibt es viele Querdenker, die aber nicht den Umsturz im Sinn haben, sondern sich der Entwicklung neuer Ideen verpflichtet fühlen. Natürlich hoffen sie, dass möglichst viele Menschen darauf resonieren und oft wird eine solche Entwicklung dann später zum Mainstream - zum Leidwesen einiger dieser fortschrittlichen Künstler nicht mehr innerhalb ihrer Lebenszeit. Eine solche Haltung bedarf großer Leidenschaft - im wahrsten Sinne des Wortes.

Kritisch wird der Mainstream immer dann, wenn sich Macht mit ihm reaktionär verbündet, um den Status quo zu zementieren. Dadurch wird Entwicklung ausgebremst, um Pfründe zu sichern. Das bringt wiederum beispielsweise die politischen Querdenker auf die Palme und sie versuchen ihre Ideen durch Intrigen durchzusetzen. Autokraten lieben diese Menschen, egal welcher politischen Richtung sie angehören, weil sie die demokratische Ordnung destabilisieren.

Dieses Szenarium führt dazu, dass es nur ca. 20 vollständige Demokratien auf unserem Planeten gibt. Da alle Dinge miteinander interagieren, bedeutet es für die Musik, dass der Mainstream gefährlich wird, wenn zu viel Machtpotenzial in die Verbreitung der Musik eingreift - politisch oder wirtschaftlich.

ÜBER DEN AUTOR

Horst Grabosch wurde 1956 in Wanne-Eickel geboren und studierte bis 1979 Germanistik, Philosophie und Musikwissenschaft in Bochum und Köln. 1984 schloss er ein Studium zum Orchestertrompeter an der Folkwang-Musikhochschule in Essen ab. Bis 1997 arbeitete er als freiberuflicher Musiker und musste nach einem Burnout diesen Beruf aufgeben. Danach absolvierte er eine Umschulung zum Informationstechnologen bei Siemens-Nixdorf in München und arbeitete als freiberuflicher Informationstechnologe. Heute lebt er als Produzent von elektronischer Musik und Schriftsteller im bayerischen Oberland.

VOM SELBEN AUTOR ERSCHIENEN

Der Seele auf der Spur - 2022
ISBN-13: 9783755778875

Seelenwaschanlage - 2022
ISBN-13: 9783756227211